講義再現版 第7版
伊藤真［著］

伊藤真の民法入門

The Guide to Civil Law
by Makoto Itoh.
The seventh edition

日本評論社

……第7版・はしがき

　本書は、民法の概略をつかみ、民法を楽しく学んでもらうためのものです。版を重ね、今回で第7版になりますが、幸いにも今まで多くの方に読んでいただくことができました。

　近年、民法に関するいくつかの重要な改正法が成立・施行されました。その中でも特に大切なものは、民法のうち債権法という分野に関する改正法です。

　この民法（債権法）が改正されたのは、債権関係の規定について、民法制定以降の社会・経済の変化に対応させ、国民一般にわかりやすいものとすることを出発点としています。民法が制定されてから既に約120年が経過しています。そのため、民法には明文化されていない実務慣行ができていたり、民法の規定そのものが社会実態にあわなくなってしまったりしたため、このような不都合を解消しようとして、改正が検討されてきたのです。

　そして、長期にわたる検討の結果、2017（平成29）年に民法（債権法）の改正法が成立しました。この改正点は、大きく分けて、2種類に分類することができます。

　　①現行民法上の実務慣行を単に明文化するだけの改正
　　②現行民法上の規定（実務慣行）を変更する改正

　改正民法を勉強する際は、①と②のどちらに分類される改正なのかを意識することが大切です。

i

この民法（債権法）の改正法は、2020（令和2）年4月1日から施行されました。そこで、本書の内容も改正法にあわせて改訂しています。また、上記の②のうち特に重要な事項については、改正の経緯を含めて解説しました。

　もっとも、本書は民法の全体像を把握してもらうことを目的としていますので、改正点についても、あえて細部には触れずに概略を説明するにとどめています。そのため、本書を一度読みおえて、民法の学習がある程度進んだところで、本書に物足りなさを感じるかもしれません。その場合には、より進んだ学習のために、拙著『伊藤真ファーストトラックシリーズ』や『伊藤真試験対策講座』シリーズ（ともに弘文堂）を手に取ってみてください。

　今後も、民法の学習をしたことのないひとりでも多くの方に、民法、ひいては法律を学ぶ楽しさを伝えることができたなら幸いです。

　さあ、ページをめくって楽しい民法の世界に一歩足を踏み入れましょう。

　2020年5月

伊藤　真

伊藤塾ホームページ：https://www.itojuku.co.jp

……初版・はしがき

　本書は法律の知識がまったくない方が民法を学ぼうとするときのもっとも有効な手引き書になるように書きました。

　民法を少しでも勉強するとわかるのですが、出てくる言葉が難しくなかなかイメージがもてません。また、教科書のはじめのほうを理解するためにも後のほうで使う概念を知っていないといけない場合が多く、民法を頭から勉強しようとすると大変に骨が折れます。ただでさえ、量が多くて大変だといわれる民法ですから、それを正直にはじめからこつこつと学んでいくだけでは効率が悪くなってしまうのです。

　しかし、民法も勉強方法しだいでは楽しい科目になります。膨大な民法を、まず、手のひらに載せて外から眺められるようにしていただくことが本書の目的です。

　本書で民法の全体像をつかんでから細かな部分の知識を身につけていくほうがよほど効率的な学習ができます。楽しくなければ身につかないというのが、私の信条です。全体の構造がみえてくると法律の勉強も一気に楽しくなります。皆さんもぜひ民法を楽しんでください。

　本書は民法の概略をつかむために書いたものですが、さまざまな方の役に立つと思っています。各種国家試験や大学の学部試験の勉強に入る前に、また、大学の講義を聴く前に読んでいただければ、それからの民法の勉強がスムーズに行えて最適だと思います。

　さらに、社会人として法律を学ぶ必要性が出てきたときに、法学部でないということで尻込みされている方はいませんか。本書を読んでいただけ

iii

れば、法学部出身かどうかはまったく関係なく民法の全体像をつかめるようになるはずです。

　概略を説明しているといっても、それぞれの部分はかなり本質的なことから分析を加えていますから、ある程度民法を勉強された中級者の方が、総まとめをする上でも有効かと思います。

　私は、できるだけ多くの皆さんに法律を楽しく効率的に勉強していただける方法はないかと日々研究しています。その成果を生かして、現在、明日の法律家をめざす全国の皆さんに司法試験の受験指導をしていますが、本書はその講義の冒頭の授業内容に若干加筆し、実況中継ふうに記述したものです。よって、繰り返しがある部分もありますが、知識の定着には繰り返しが必要だという観点からあえて残してあります。また、全体像を理解するために、あえて細かい部分にこだわらずに記載している箇所もありますが、その点はあらかじめご了承ください。特に財産法を重視して、家族法については思い切って省略しているところもありますが、それは民法の本質をつかむ上では財産法に重点をおいたほうがいいという判断からです。

　また、民法だけでなく、憲法、刑法、商法などほかの科目もぜひ、興味をもっていただいて本書のシリーズで学んでいただくと、法律全体の構造が手に取るように理解できて、面白さも倍増すると思います。ぜひほかの科目にも挑戦してみてください。特に憲法はおすすめです。日本が自由で民主的な豊かな国になるためには、できるだけ多くの皆さんが憲法に触れることが必要だと考えています。ぜひ憲法も読んでみてください。

　それでは、前置きが長くなりましたが、どうぞ民法を学ぶことを楽しんでください。

　　　1997年5月

　　　　　　　　　　　　　　　　　　　　　　　　　　　伊藤　真

伊藤真の民法入門
第7版

●

目　次

第1章…概説

I　民法とは何か………2

❶ はじめに………2

❷ 民法の役割………3

❸ 民法の考え方………6

❹ 民法の勉強の仕方………9

 (1)　まず、民法全体を概観する………9

 (2)　具体的に考えること………10

 (3)　改正点を気にしすぎない………11

II　財産法の仕組み………13

❶ 人と物との関係──物権………13

❷ 人と人との関係──債権………13

 (1)　契約………13

 (2)　不法行為………19

 コラム　妻による夫の愛人に対する損害賠償請求………21

 (3)　事務管理………22

 (4)　不当利得………23

❸ 物権法と債権法の概略………24

 (1)　具体例──売買契約………25

❹ 民法の全体図………29

 コラム　ヤミ金業の今後………33

第2章…財産法

I 財産法の全体像………38

II 主体………39
- ❶自然人と法人………39
- ❷制限行為能力者………40
  - コラム　成年………43
  - コラム　意思能力………44

III 契約の成立から効力発生まで………46
- ❶有効に債権債務が発生するまで………46
- ❷契約の成立要件………46
- ❸契約の有効要件………47
  - (1) 取消しと無効………48
  - (2) 心裡留保………51
  - (3) 虚偽表示………53
  - (4) 錯誤・詐欺・強迫………55
  - コラム　うっかりダブルクリック………57
  - (5) 意思表示のまとめ………58
  - (6) 契約内容の有効性………58
- ❹契約の効果帰属要件………59
  - (1) 代理制度………59
  - (2) 無権代理と表見代理………61

❺契約の効力発生要件………63

❻まとめ………63

Ⅳ　物権………67

❶物権の客体………67

❷物権変動………68

 ⑴　意思主義………69

 ⑵　所有権の移転時期………70

 ⑶　対抗要件主義………70

 ⑷　不動産、動産の二重譲渡………73

 ⑸　なぜ二重譲渡はできるのか………76

 ⑹　第三者の善意・悪意………79

 コラム　94条2項の類推適用………81

 ⑺　物権変動のまとめ………82

 ⑻　公信の原則………82

❸占有権・所有権………83

 ⑴　占有権・所有権とは………83

 ⑵　物権的請求権………84

 コラム　所有権と著作権………87

❹用益物権………88

Ⅴ　債権の発生から満足して消滅するまで………92

❶契約による債権の発生………92

 ⑴　契約の種類………92

 ⑵　売買契約の場合………94

viii……目　次

❷同時履行の抗弁………96

❸債権の消滅原因………98

  (1)　弁済………98

  (2)　第三者弁済………99

  (3)　受領権者としての外観を有する者に対する弁済………99

  (4)　代物弁済………102

  (5)　相殺………103

VI　債権の効力としての問題が生じたときの処理………108

❶特定物債権と不特定物債権………108

❷弁済の提供と受領遅滞………111

❸債務不履行………114

  (1)　種類………114

  (2)　効果………116

  (3)　解除の存在理由………119

  (4)　取消しと解除の違い………121

❹危険負担………121

❺担保責任………123

  (1)　担保責任の意義………123

  (2)　原始的瑕疵・不能と後発的瑕疵・不能………128

❻債務不履行、危険負担、担保責任の関係………129

  コラム　別れた恋人へのプレゼント、
       返してもらえる？………130

ix

Ⅶ 債権の履行確保の手段………133

❶全体像………133

❷特殊な債権回収手段………133

⑴ 代物弁済・相殺………133

⑵ 債権譲渡………134

❸債権の保全………137

⑴ 債権者代位権………137

⑵ 詐害行為取消権………140

⑶ 強制執行………142

❹債権の担保………144

⑴ 担保の概観………144

⑵ 人的担保………147

⑶ 物的担保………151

コラム　追い出し屋………163

第3章…家族法

I　親族………168

❶親族の範囲………168

❷婚姻………170

コラム　踏んだり蹴ったり判決
　　　　──有責配偶者の離婚請求………171

❸親子………172

コラム　再婚禁止期間の違憲判決………174

II　相続………175

❶相続人………175

❷相続の承認と放棄………178

❸遺言と遺留分………179

コラム　配偶者の居住の権利………180

第4章…まとめ

❶全体像の確認………183

❷各種試験への応用………184

❸これからの勉強………184

第1章 概説

I 民法とは何か
II 財産法の仕組み

商品売買基本契約書

売主Ａ株式会社（以下、「甲」という）と買主Ｂ〇〇〇〇という〇〇商品の売買に
、次の通り計画を締結する。

〇〇年〇〇月〇〇日

条（物品の特定）目的となる物品（以下本物品）
　　① 品名 「〇〇〇〇」
　　② 数量 〇〇個
条（本物品の単価及び売買第君の総額）本物品の
　　　2 売買代金は、総額金〇〇〇〇円とする。
条（納入条件）甲は、本物品を令和〇年〇〇月〇
丁●丁目〇番地〇号）に持参して納入する。なお、
条（検査及び受渡）本物品の検査は、前条の納入時
見、数量を確認することにより行う。
　　　2 物品の受渡は、前項の検査終了と同時に
条（代金の支払）乙は売買代金は、前条2項に規
ヘアーにて、総額を現金にて甲に支払う。
条（所有権の移転時期）本物品の所有権は、前条
する。
条（危険負担）本物品の引渡後に生じた物品の滅
担とする。
条（解約）甲又は乙が本契約に違反したときは、
を解約し、その損害の賠償を請求することができる
以下の本契約の成立を証するため、本契約書2つを
を保有するものとする。

金銭消費貸借契約書

　Ａ（以下「甲」という）とＢ（以下「乙」という）とは、
契約を締結した。

第1条（借入れ金額と条件）　甲は乙に対して、令和〇年　月
の条件で貸し渡し、乙は これを借受けて受け取った。
(1) 資金使途
(2) 借入金額
(3) 弁済期 令和〇年　月 日、期日一括返済
(4) 利率及び利息支払方法 利率は、年〇％とし、利息の支払い
から 返済期日に至るまでの分を前払とし、借入金額から天引
第2条（繰上返済）　乙は、返済期日が到来する以前に、借入金
することができる。
　2 前項の返済金額が、乙の債務の全部を消滅させるに足り
と認める順序 方法により充当することができる。
第3条（期限の利益の喪失）　乙について次の各号の事由が一
甲から通知催告等がなくても甲に対する 一切の債務について
に債務を弁済しなければならない。
　(1)支払いの停止または破産、民事再生手続開始、会社更生手
　　始の申立が あったとき。
　(2)手形交換所の取引停止処分を受けたとき。
　(3)仮差押、差押または滞納処分を受けたとき。
　2 次の各場合には、乙は、甲の請求によって甲に対する一も
を失い、直ち に債務を弁済しなければならない。
　(1)乙が債務の一部でも履行を遅滞したとき。
　(2)乙が、第5条に定める担保の提供をしないとき、若しく
　　違反したと き。
　(3)前各号のほか債権保全を必要とする相当の事由が生じた
第4条（遅延損害金）　乙が期限の利益を喪失したときには、
の合計額に対して、期限の利益を 喪失したときから支払済に

I　民法とは何か

❶はじめに

　最初に民法とは何か、という話をしましょう。憲法で、近代という概念を学びます。近代は自由というものを中心に作りあげられていますが、そこでの自由というのは経済的自由も含むわけです。人々は経済活動も国家から強制されずに、自由に行えるようになってきました。そういう経済活動の場として自由を確保したことによって、人々は自分の思ったとおりの経済活動、具体的には自分の意思でものを買う、売る、そしてある場所を貸したり、借りたり、そんな自由な経済活動が認められるようになったのです。その自由の思想に基づいた市民社会のルール、それが民法です。ですから、お隣り同士、市民の間でさまざまなルールがありますが、その中でもっとも根本的なのが、この民法ということになります。

　民法は、大きく2つのグループに分かれます。財産法と家族法です。ただ、ここで財産法・家族法といってもそのような名前の法律があるわけではありません。民法の中の分野を分けてそうよんでいるのです。

　所有や売買、賃貸借などの財産関係を規律する財産法、それから、夫婦や親子、兄弟姉妹などの身分関係や相続の関係を規律する家族法です。そのうち中心になるのが財産法です。六法の目次を見ると、民法は第1編総則、第2編物権、第3編債権、第4編親族、第5編相続という5つのパートから成り立っています。その4編と5編、親族と相続とを、あわせて家族法とよびます。親族法には、婚姻だとか、親子だとか、親権だとかが出てきます。また、相続法には、相続という財産の移転に関する規定がおかれています。したがって、相続法は財産法の一部といってもいいくらい重要です。これからの勉強は総則と物権と債権、それから最後の相続の部分

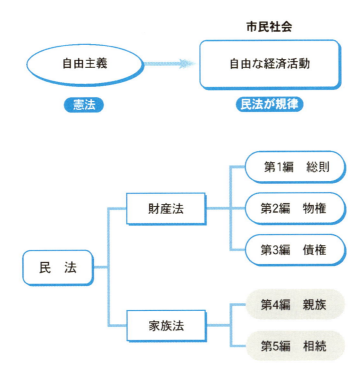

に重点をおくことになります。

　最初の総則ですが、この総則という部分には民法すべてに共通するような、特に財産法に共通するような事柄がまとめておかれています。まずは、この総則と、次の物権、債権がわかるように勉強していきましょう。

❷民法の役割

　ここで、民法の役割、機能を考えておきましょう。

　民法は、商法とともに私法というグループに分類されます。法律は大きく公法と私法に分類されるのですが、国や公共団体との関係を規律する法

を公法、市民社会の関係を規律するものを私法とよびます。憲法や刑法は公法です。民法は先ほど述べたように、市民社会のルールですから私法のひとつです。私法の中に商法という法律もあるのですが、こちらは市民の中でも商人を中心とした法律関係を規律します。民法が一般的なルールであるので一般法と分類されるのに対して、商法は商人間という特別の法律関係を規律するので特別法と分類されることもあります。

さて、憲法や刑法のような公法と違って、私法は市民社会のルールなので市民の感覚に合う必要があります。国家が国民を一定のルールで引っ張っていくというよりも、市民が暮らしやすいように、市民間の利害を調整するのが私法なのです。ですから、私法の世界ではまず、市民の考えを尊重します。それを私的自治とよびます。市民は自由に契約を結んだり、会社を設立したりすることができるのです。

しかし、経済活動においてはどうしてもトラブルが起こりがちです。また、市民が法律関係を意識しないで契約をしてしまった場合、その契約の内容がはっきりしないので、トラブルが起こったときにどのように処理していいのかわからないこともあります。そんなときに民法が補充的に出てきて解決するのです。ですから、民法の規定は、市民が約束しなかった部分について補充をするような役割を果たします。

たとえば、自動車を100万円で買うという約束をしました。ところが、納車の日にディーラーがその自動車を運んでくるときに交差点で追突されて、車が壊れてしまいました。このときにお客さんは車の代金の支払いを拒絶できるのでしょうか。お客さんのほうからするとそんなものにお金を払いたくないですよね。でも、ディーラーのほうも自分が悪いわけではないので少しはお客さんに損害を負担してもらいたいと考えるかもしれません。また、今の話でディーラーがちゃんとお客さんのもとに車を運んだにもかかわらず、お客さんが「いやあ、駐車場がまだ見つからないから、また来

週もってきてくれませんか」と受け取ってくれなかったので、仕方なく、もち帰ろうとしたらその途中で追突された場合はどうでしょうか。なんとなく、このときはお客さんに負担させてもいいような気もしますよね。お客さんがちゃんと受け取ってくれれば、こんな事故にはならなかったのですから。

　こうした場面で、お客さんがどこまでその損害を負担するのかについて、あらかじめきちんと決めておけばいいのですが、契約をするときにはこんな事故をまったく考えてもいませんでしたから、取決めなどしていないわけです。もし、当事者が将来、車が追突されてダメになったときはその損害はすべてお客さんが負担すると決めておけば、それに従って処理されますからいいのですが、問題はそのような取決め——これを特約といいます——がなかったときなのです。このときに民法という法律が、その当事者の特約がない部分を補充して紛争を解決します。逆に言えば、当事者が特約をすればこの点に関する民法の規定は適用されません。このように当事者の特約によって排除できる規定のことを任意規定といいます。

　ただ、民法は、このように当事者の特約で排除できる任意規定ばかりかというとそうではありません。たとえば、愛人契約は当事者が合意したのだからいいではないか、といえるかというとそうはいきません。このような契約は公の秩序、善良な風俗に反するとして無効とされてしまうのです。また、勝手に自分は15歳で結婚するんだと言って民法の規定に反する結婚の約束をしても、それは認められません。この場合には、民法の定める条件や手続を省略したり無視してはいけないのです。このように当事者の意思によっては動かせない規定もあります。このような規定のことを強行規定といいます。この強行規定は公の秩序に関する規定で、これに関しては当事者の特約では排除できないのです。

　このように、民法は、強行規定によって最低限のルールを定め、それ以

Ⅰ　民法とは何か……5

外の部分は任意規定として当事者の特約を尊重しています。したがって、民法は最低限の市民社会のルールであると同時に、当事者の意思の補充としてはたらくわけです。こうしたはたらきによって、市民社会が円滑に進むようにすること、それが民法の役割です。なお、どのような規定が任意規定で強行規定かは、それぞれの条文の存在理由（趣旨）によって決められます。ですから、民法を勉強するときはその点も意識しなければなりません。

❸民法の考え方

　民法のような私法は、市民社会のルールですから市民の感覚に合う必要があるといいました。民法も法律ですから、具体的には何か紛争が起こったときに、その紛争を解決する際の基準として、裁判の場面などで機能します。民法に関連する紛争 ——これを民事紛争といいます——が起こったときに、裁判官はまず当事者の言い分をよく聞いて、もっとも妥当で公平な結論を探します。いわゆる、落としどころを探るわけです。そして、この結論が両当事者の利益をもっとも公平にするものだということになると、今度はそれを理論づけるための法律を探します。そして、法律によってその結論を正当化するのです。当事者は法律があるのだから仕方がないといって、その結論に従います。つまり、結論が先にあって、法律はそれを説得するための手段として機能するのです。法律的な説明の仕方のことを法律構成といいます。また、妥当な結論のことを価値判断ということもあります。

　ですから、民法を勉強するときの注意点としても、まず第1には、「価値判断と法律構成」という発想が大切です。結論の妥当性（価値判断）が先にあって、それを説得するための法技術として法律構成があるという感覚になじむことです。あくまでも法律は結論を説得するための法技術にすぎ

6……第1章　概説

ません。もっともバランスのとれた結論というのはいったい何なんだという価値判断が、まず先にあるのです。そして、その公平なバランスのとれた結論を導くための法律構成をする専門家として法律家が存在する、法律構成をするところに法律家の意味があるということを知っておいてください。

第2は、「原則修正パターン」という発想です。

なんとなく、法律のイメージは有無を言わさず法律によって一定の結論が決まっていて、それが裁判ででてくるという感じですよね。しかし、いくら法律でも市民の感覚とあまりにもかけ離れたものは意味がありません。民法などは明治時代にできた法律なのですから、それをそのまま適用するとどうも時代に合わないという部分も当然出てきます。こうしたときには今の感覚に合うようにところどころ解釈によって修正していかなければならないのです。それが法律家の仕事です。

これを判決文や試験の答案にあてはめると「原則修正パターン」となるのです。条文を形式的に適用すると、このような結論になるという形式的な条文の適用の結果をまず指摘します。次に、それでは価値判断として不都合だから修正をしなければいけないという、修正の必要性を指摘します。実はここで結論が出ているのですね。そして、最後にどのようにしてその修正した結論を論理的に法律構成すべきだろうかというところで法律の解釈が出てくるわけです。ここは許容性といってもいいでしょう。ですから、条文の形式適用としての原則、それを修正する必要性としての価値判断、そしてそれを修正することができる許容性としての法律構成という順序で判決や答案を書いていくことになるわけです。

なお、このパターンで考えるときに原則を忘れないようにすることが重要です。つい修正のほうばかりに頭がいってしまいがちなのですが、本来の条文の予定しているところをしっかりと指摘できるかは説得力に大きく

Ⅰ　民法とは何か……7

影響するところです。まずは、条文の原則をしっかりと学ぶことが大切です。

第3に、「効果から考える」という発想です。

この私法の世界では、効果から考えるという手法をよく使います。効果というのは結果くらいの意味と思っておいてください。法律の条文は皆、「要件」「効果」の組合せでできています。つまり、一定の条件を満たすと一定の結果が生じるという形で規定されているのです。たとえば、「売買契約を締結したら代金を払わなくてはいけない」という条文があるとすると、「売買契約を締結したら」という部分が条件ですが、この部分のことを要件とよびます。「代金を払わなくてはいけない」という結果のことを効果といいます。日常用語で使う効果という言葉は「この勉強方法は効果がある」というようにプラスの意味で使いますが、法律の世界での効果は単なる結果くらいの意味です。

そして、民法を勉強する際には、この効果から考えるクセをつけることです。たとえば、売買契約をした当事者が文句を言っている、そのときその当事者は何をしたいと考えているのか、何ができるのかを効果から考えるのです。売買契約をした後にすでに払ってしまった代金を返してもらいたいのか、損害賠償を請求したいのか、約束どおりの目的物を引き渡してもらいたいのか、いったい何をしたいのか、その効果をまず考えて、そのためには、では何が必要なんだろうかと、効果からさかのぼって、そのための要件を考えていく、そういう手法を使っていくのです。これは先ほどの「価値判断と法律構成」という考え方につながるものがあります。効果というのは価値判断の結果と言ってもいいかもしれません。そして要件というのはそのための法律構成の要件なのです。

トラブルに巻き込まれたら、まず何をしたいのかを考える、次にその方法を考えるということです。「何ができるか」からではなく、「何をしたい

8……第1章　概説

か」が先だということです。

　そして、こうした発想ができるようになるためには民法全体を常に頭に
いれておく必要があります。細かい部分はいいですから、おおまかに民法
全体から考えることが大切です。

　よって、第4には、「常に民法全体を視野に入れる」という発想が重要で
す。

　これから述べるように、民法では市民社会のさまざまなことを規律して
います。そして、それらは相互に関係しあっています。同じ効果を生じさ
せるためにもいろいろな方法があったりします。そこで、常に民法全体を
視野に入れて民法全体から考えることが必要です。民法は総則、物権、債
権、親族、相続という5つのパートに分かれているという話を先ほどしま
したが、これらを分断して理解するのではなく、常に一体として考えてい
くことが必要なのです。たとえば、売買契約ひとつとっても、実は総則、
物権、債権にまたがった知識が必要になります。条文の上では売買契約は
債権の一部分に出てくるのですが、そこだけ考えても売買契約における問
題は解決できません。常に民法全体を意識することが必要なのです。損害
賠償を請求したいという場合も民法上はいくつもの方法が規定されていま
す。それらを比較しながら考えることが重要なのです。

❹民法の勉強の仕方
（1）まず、民法全体を概観する

　このように、民法は常に全体を視野に入れて考えることが必要ですから、
勉強する際も、まず、民法全体を概観できるようにすることが大切なので
す。細かい部分は後でいくらでも知識として補充できますから、膨大な民
法をコンパクトにその全体像を把握することが、効果的な民法の学習方法
となります。はじめは、あえて細かなことは無視してしまう割り切りも大

Ⅰ　民法とは何か……9

切です。

　民法は、条文の数だけでも憲法の10倍はあります。憲法はたった103条までですが、民法はなんと1050条まであります。これだけでも気が遠くなりそうですが、大丈夫です。この膨大な民法の条文を暗記したりする必要はまったくありませんから安心してください。そして、この民法の全体像を把握してしまえば、十分に使いこなせるようになります。ただし、そのためには、早めに民法で使う基本概念をマスターすることが必要です。民法総則という部分でも債権や物権の知識は使いますから、最低限の基本概念をはじめに理解してしまいましょう。それから民法総則の細かい論点の学習に入っていけばいいのです。はじめに全体を概観してその後何度も繰り返すことが民法をより理解するためのポイントです。本書は、はじめに民法の全体像を把握するためのガイドだと思ってください。

(2) 具体的に考えること

　民法では、普段あまり使うことのない言葉がいくつも出てきます。民法の世界でもっとも重要な概念として「債権」と「物権」という言葉がありますが、日常用語としてはまず使いませんよね。債権ではなく「債券」は使うかもしれませんし、物権ではなく「物件」もよく耳にする言葉ですが、債権、物権はめったに見ません。危険負担とか債務不履行とか帰責性とか、妙な言葉がたくさん出てきます。そこで、民法を学ぶ際にはこうした単語にまず慣れてください。そして、その具体的なイメージをしっかりとつくりあげることです。法律を学ぶということはイメージの修得だといってもいいくらいです。英語を勉強するときは「apple はリンゴだよ」と教わればすぐにイメージできます。それはわれわれがリンゴを見たことがあり、知っているからです。しかし、民法をまったく知らなければ「危険負担は双務契約において問題になる」と言われてもさっぱりわからないでしょう。

10……第1章　概説

さらに、日本の民法を勉強した人でも「consideration は約因のことだよ」と言われてもピンとこないのが普通でしょう。それは、日本には約因という概念がないため、イメージをもてないからです。

法律がわかるようになるというのは、危険負担といわれたら「ああ、あの場面のあのことだな」とピンとくるようにすることなのです。

ですから、これから民法の勉強をするときは常に具体例をしっかりと意識してください。はじめの段階では、抽象的な条文や法律概念をみたときに具体例を説明できるかが理解できたかどうかの判断基準です。

そして、慣れてきたら、普段、新聞などに出てくるさまざまな事件を民法の観点から考えてみると勉強になります。高い金利でもうかるという話に乗せられて出資したら、どうもだまされたみたいだという問題が生じたとき、それは民法では何の問題になるのだろうかと考えてみるのです。このように、具体的な事件を抽象的な条文や制度にあてはめることができるようになればしめたものです。

結局、民法の勉強は、抽象的な条文や制度をみたときに具体例が思い浮かべられるようにすると同時に、具体的な事例をみたときに条文や制度をみつけることができる。つまり、この抽象と具体の間を自由に行ったり来たりできるようになることが目標です。とりあえずここをめざして頑張ってください。

(3) 改正点を気にしすぎない

近年、民法についていくつかの改正がありました。

ひとつは債権法改正とよばれる改正で、財産法のうち特に債権に関する部分が大きく改正されました。ほかにも、相続に関する部分の改正や、成年年齢の引下げに関する改正などがありました。

こう聞くと、どこがどう変わったのか、全部勉強しないといけないの、

I　民法とは何か……11

と心配になるかもしれません。でも、民法改正はあまり気にしすぎないでください。

　一番大きい改正は債権法改正で、2020（令和2）年4月1日に施行されたので、これからこの本で勉強すれば大丈夫です。改正された点は、もともと条文ではなくて判例で定まっていた部分について、条文で明確化したという改正が多いので、これまでに一度勉強したことがあったとしても、あまり民法改正を気にしすぎることなく、改正後の民法について全体像を概観してください。どこがどう改正されたのかは、全体像を把握してから勉強してもらえば大丈夫です。

Ⅱ　財産法の仕組み

❶人と物との関係 ── 物権

　さて、それではまず、民法の中の特に財産法の仕組みをみていきましょう。財産法を学ぶにあたって大きな枠組みを頭に入れることが必要です。民法の想定する法律関係は大きく分けて2つのモデルに分けることができ、まずその1つが人と物との関係です。たとえば、Aさんが建物を所有している、Bさんが自動車を所有しているというような形での物に対しての関係、これが物権法の領域になります。

　AとBという人がいて、それぞれ財産の甲と乙を所有していると考えてください。Aさんの物・甲に対する関係、Bさんの物・乙に対する関係はそれぞれ物に対する関係であって、これが所有権というものです。民法でも、物を「もの」と発音するのが正確ですが、「もの」と言うと「者」との区別がつきにくいので、講義では「ぶつ」と発音することがあります。このようなAさんの物に対する関係やBさんの物に対する関係のように、人の物に対する関係を物権といっていきます。この物権を扱うのが物権法という分野です。

❷人と人との関係 ── 債権
（1）契約

　それに対して、もう1つは人と人との関係です。たとえば、Aさんがもっている建物とBさんがもっている自動車を交換するという契約をしたとします。交換契約というのは簡単に言えば「取り替えっこ」しましょうということを約束する契約のことですが、まさにこれはAとBという、人と人との間の関係です。これが契約法という分野になります。契約というの

> **キーワード　契約**
> 法的な約束、強制力を伴った約束のこと。

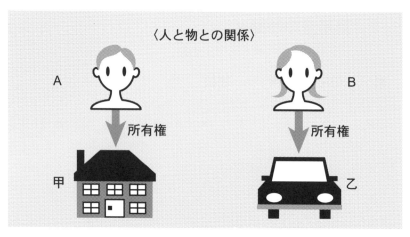

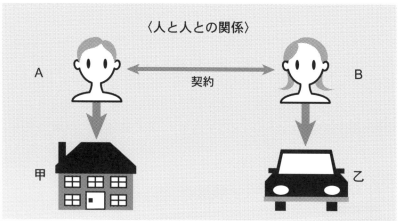

は、法的な約束のことです。そして、私たちは原則として自由に契約をすることができるわけです。これは自由主義という憲法の理念のもとにあるので、好きな契約を好きなように結ぶことができるわけです。ですから、たとえば交換契約だとか売買契約だとか賃貸借契約だとか、いろいろ聞い

たことのあるような契約のほかに、民法に規定されていないさまざまな契約も自由に結ぶことができます。たとえば、プロ野球選手などは、野球選手としてプレーをして、それに対して報酬をもらうという契約をしている。本を書いた小説家は出版契約という契約をしている。女優さんは出演契約という契約をしている。このようにさまざまな契約がありますが、それらがすべて法律で規定されているわけではありません。

　契約とは、このように自由に私たちが結ぶことができるものですが、単なる約束とはどこが違うのでしょうか。たとえば、彼女とデートする契約というものを結んだとします。それが普通の約束とどこが違うんだということですが、契約ということになると法的な拘束力が出てくるのです。

a．法的な拘束力とは

　それでは、「法的な拘束力」とはどういうことでしょうか。そもそも法律というものは何だったか。それは、国家権力による強制力を伴う法規範ということでした。つまり、法的な拘束力を伴った約束とは、簡単に言えば国家権力によって強制される内容をもった約束ということです。ですから、デートをするという契約をすることは自由だけれども、それを結んでしまってそれが契約だということになると、相手が従わないときには裁判所に訴えて、「いっしょに遊びに行け」という命令を判決でだしてもらうということになるわけです。そんなことをしても、そもそも判決がでるのが数か月後くらいですから、もうほとんど意味のないことかもしれませんけれども、実際それが意味があるかどうかというのは別として、法的な拘束力をもつというのはそういうことです。そして、契約は、自由にお互い約束をしあうだけで成立することになります。

　さて、国家権力による強制力を伴って実現させるということですが、それはどういうことかというと、お互いの間に権利と義務が発生するということです。前の例で、ＡＢ間で交換契約が成立することにより、ＡはＢに

Ⅱ　財産法の仕組み……15

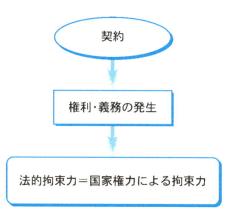

対して一定の権利、たとえば自動車を引き渡してくれという権利をもっています。これは自動車の引渡債権などといわれます。言い換えれば、BがAに対して一定の法的義務を負うということにほかなりません。BはAに対して建物の引渡債権を取得し、逆に、AはBに対して建物引渡の義務を負うことになります。このように、契約関係からは権利義務が発生することになります。

　では、法的な拘束力をもった契約と、法的な拘束力をもたない約束は、どうやって決まるのでしょうか。

　民法は私的自治を原則にしているという話をしました。私的自治とは、何人も自己の意思によらなければ権利を取得したり義務を負ったりしないことをいいます。なぜ私的自治が原則なのかというと、それは憲法が個人の考え（意思）を尊重しているからでしたね。個人の意思がもっとも重要なのです。

　法的な拘束力をもつか、もたないか、それは私的自治の問題ですから、つまり個人の意思によって決まります。当事者がその約束に法的な拘束力をもたせることに決めたかどうかによって、それが契約なのか、単なる約

束なのかが決まるということです。当事者の意思が大事なんだ、ということを改めて確認しておきましょう。

b．債権（者）とは、債務（者）とは

ここで債権という名前の権利が出てきましたが、この債権というのは「特定の相手方にある一定の行為を要求する権利」のことをいいます。そして、その債権をもっている人のことを債権者とよびます。債権というのはある種類の権利のよび名です。すなわち、自動車を引き渡せということを要求するときには自動車の引渡債権、建物を引き渡せということを要求するならばそれは建物引渡債権、代金を支払えということを要求するならば代金支払債権、というように、債権の中身というものは契約によって決まるものなので、さまざまあるわけです。そして、債権というのは人に対して要求する権利ですから、当然に要求される側がいるわけです。その要求される側の負担、その人の負っている義務のことを債務とよびます。この「債務を負担する者」を債務者とよんでいます。

たとえば、売買契約、物を売った買ったという契約がありますが、その、物を売った買ったという売買契約が成立すると、売買代金の支払いを要求する債権、売買代金債権というものが発生します。

さて、売買代金債権の債権者というのは売主か、買主かと言われたら？これは売ったほうが買主に対して代金を払えと請求するので、売主が債権者になります。買主は債務者であるということになります。それに対して、売買契約をしたときにその目的物の引渡しの際、たとえば自動車を買った人が「その自動車を引き渡してよ」という場合、自動車の引渡債権をもっているのはどちらかというと、それは買主が債権者になります。このように売主が債権者になったり買主が債権者になったりいろいろなわけです。

また、先ほどの交換契約の場合、建物引渡債権というものに着目すると、その建物引渡債権の債権者は誰かというとBになります。債務者は誰かと

> **キーワード 債権**
> 特定の相手方にある一定の行為を要求する権利。債権をもつ者を債権者という。

Ⅱ　財産法の仕組み……17

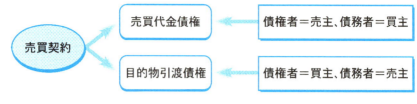

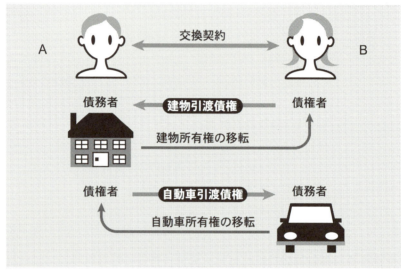

いうとAになります。それに対して、自動車の引渡債権について債権者は誰かというとそれはAになるし、債務者は誰かというと、引き渡さなければならないBになります。

　したがって、この契約において債権者は誰か、といわれても答えられないということです。どの権利についての債権者なのか？　ということがわからないと答えられないのです。民法で最初のうち、よくわからなくなってしまうのは、このように売主が債権者になったり債務者になったりするし、買主も債権者、債務者両方の地位になるので、どの債権についての債

キーワード　債務
債権に対応する相手方の義務。債務を負担する者を債務者という。

権者なのか債務者なのかをはっきりさせないと話がこんがらがってしまうからです。ですから、必ず、代金債権についての債権者なのか、引渡債権についての債権者なのかをはっきりさせてから考えるようにしてください。

以上のように、契約によって債権が発生することになります。

(2) 不法行為

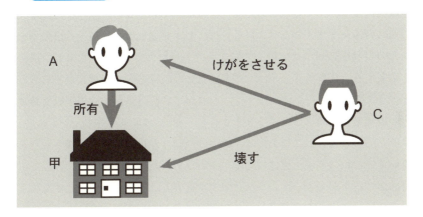

債権が発生するのは契約による場合だけかというとそうではありません。CがAの権利を侵害する、嫌がらせなどを行う、という場合を考えてみてください。たとえば、CがAに対してけがをさせたりとか、Aが所有している建物を壊してしまったりとか、そういう悪いことをCがやった場合です。当然、AはCに対して文句を言いたいわけです。そういう分野が不法行為法です。

この不法行為というのは709条に出てきます。これはきわめてよく使う条文です。たとえば、交通事故で車をぶつけられて自分の車がへこんでしまった、けがもしてしまったという場合、当然、被害者は加害者に対して損害賠償の請求をしたいわけですが、そういう場面で、この709条という条

文が活躍することになります。条文には「故意又は過失によって他人の権利又は法律上保護される利益を侵害した者は、これによって生じた損害を賠償する責任を負う」と書いてあります。

　ここで、「故意又は過失」という言葉が出てきましたが、故意というのは「わざと」というくらいの意味あいです。また、過失というのは、「ついうっかり不注意で」というくらいの意味だと思ってください。そういう割と常識的な意味あいで覚えてもらって、今はかまいません。故意または過失で他人の権利を侵害した者、たとえば、わき見運転をして自分の自動車を他人の自動車にぶつけて壊してしまった人は、「これによって生じた損害を賠償する責任を負う」。この「責任」というのは賠償する責任が生じるぞ、ということをいっているわけです。これが不法行為に基づく損害賠償請求権の根拠条文ということになります。

　そしてこの場合、この条文は、ぶつけたほうが損害賠償の責任を負うと書いているわけです。逆に言えば、ぶつけられたほうは加害者に対して損害賠償の請求ができるということです。被害者は加害者に損害賠償を請求できるわけですから、まさに損害賠償債権が709条によって発生することになります。

　すなわち、この不法行為に関する709条という条文も、損害賠償債権というものが発生するということが書いてあるのです。先ほどは契約によって引渡債権だとか代金債権が発生するといいました。ですが、契約だけではなくて、このように不法行為というものによっても、債権、つまり加害者に対する請求権が発生するのです。債権が発生する原因として一番多いのは契約ですが、契約だけではなく、不法行為やそれ以外の原因もあるわけです。

　債権の発生原因としては契約のほかに、事務管理、不当利得、不法行為という３つが重要です。契約を入れて全部で４つの債権発生原因を覚えて

20……第1章　概説

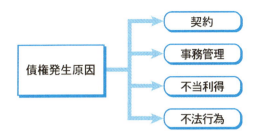

おいてください。

妻による夫の愛人に対する損害賠償請求

妻による夫の愛人に対する損害賠償請求について、判例は、「夫婦の一方の配偶者と肉体関係を持った第三者は、故意又は過失がある限り、右配偶者を誘惑するなどして肉体関係を持つに至らせたかどうか、両名の関係が自然の愛情によって生じたかどうかにかかわらず、他方の配偶者の夫又は妻としての権利を侵害し、その行為は違法性を帯び、右他方の配偶者の被った精神上の苦痛を慰謝すべき義務があるというべきである」として、これを認めています（最判昭54・3・30）。

しかしながら、他方で、判例は、「甲の配偶者乙と第三者丙が肉体関係を持った場合において、甲と乙との婚姻関係がその当時既に破綻していたときは、特段の事情のない限り、丙は、甲に対して不法行為責任を負わないものと解するのが相当である」と判示しています（最判平8・3・26）。その理由としては、「丙が乙と肉体関係を持つことが甲に対する不法行為となる（上記昭和54年判例参照・筆者が挿入）のは、それが甲の婚姻共同生活の平和の維持という権利又は法的保護に値する利益を侵害する行為ということができるからであって、甲と乙との婚姻関係が既に破綻していた場合には、原則として、甲にこのような権利又は法的保護に値する利益があるとはいえない」という点があげられています。

(3) 事務管理

さて、事務管理とは何かということですが、たとえばあなたが隣人の留守中にその屋根が暴風雨で壊れたのを見つけて、別に頼まれたわけではないが修繕しておいた、という場合のように、義務がないのに他人のために事務の管理をすることをいいます（697条）。

事務管理が成立すれば、管理をした人は、管理にかかった費用を管理してあげた人に対して請求できます。たとえば、お隣りさんが海外旅行に1か月出かけている間に台風が来てしまった。このときお隣りさんの家の屋根が飛びそうで、このままだと家の中の家財道具などもみんな濡れてしまうし大変だろうと思ったあなたは、頼まれていないにもかかわらず、ちょっとお節介で屋根を直してあげました。そのときにたとえお節介であったとしても、本当に必要な修理だった場合には、かかった費用をお隣りさんに請求できるわけです。すなわち、債権が発生するのです。お隣りさんとの間では別に屋根を修理する約束をしたわけではありません。契約をしたわけでも何でもないのです。契約などないけれども、そういうお節介をしたことによってかかった費用を返してくれという債権が発生してしまう、ということで債権の発生原因のひとつなのです。

(4) 不当利得

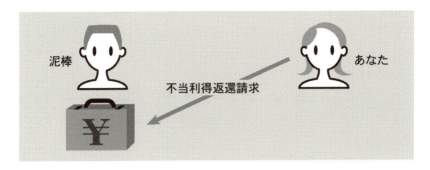

　もう1つ不当利得というものもあります。不当利得というのは、法律上正当な理由がないにもかかわらず、他人の財産、労務から利得を得て、その他人に損害を及ぼした場合のその利得のことをいいます。

　たとえば、典型的な場合としては、自分のお金を持って逃げた泥棒が捕まったとします。そこで、泥棒に対して「盗んだお金を返してくれ」と言うときに、どういう根拠に基づいて言えるのでしょうか。

　別に泥棒との間に契約関係はないのですが、「金を返せ」と請求できる。これは「金を返せ」という債権が発生しているからです。

　それでは、その「金を返せ」という債権はどういう理由で発生したのかというと、それは不当利得として発生したということなのです。こちらの損害に基づいて、泥棒は利得を得ている。しかも、その利得は法律上の原因がまったくない利得だから返してくれという権利、債権が発生するということになるのです。この不当利得の条文（703条、704条）も割と頻繁に使います。

　民法の条文はけっこうたくさんあるので、メリハリづけが大切です。1050もの条文なんかすべて覚えられるわけがないし、もちろんすべて覚えることは一切必要ありません。民法の中でよく使う条文は、50もないく

らいかもしれません。勉強して1年もたってしまえば、重要な条文は、た
とえば709条というと「ああ、不法行為の損害賠償の条文だ」とか、703条
というと「ああ、これは不当利得の条文だ」ぐらいはすぐにピンとくるよ
うになります。ただ、そうなるためには条文が出てくる度に六法を引いて、
丸を付けたり線を引くなりして印を付けてください。そうやって何回も引
くと、本当に六法が真っ黒になります。真っ黒になる条文がやっぱり重要
な条文なわけです。メリハリづけにもなりますから、ぜひ六法を汚すよう
にしてください。

　というわけで、事務管理、不当利得、不法行為、この3つも実は債権の
発生原因だということです。これに契約を入れた4つの債権の発生原因が
民法には規定されているのです。

　民法の目次を開けて、目次の中の第3編債権という部分をみてください。
第3編債権の第1章が債権総則です。第2章は契約、そしてずっと飛んで
第3章が事務管理、第4章が不当利得、第5章が不法行為、というタイト
ルになっています。第3編債権の中で、契約、事務管理、不当利得、不法
行為が、いずれも債権の発生原因だから、4つ並んでいるのです。債権の
発生原因をもし忘れてしまったら、こうやって六法の目次をみれば思い出
せます。

❸物権法と債権法の概略

　さて、もう一度話を戻すことにします。債権というのは人に対する請求
権でした。物権というのは、これは物に対する権利です。財産法は物権と
いう物に対する権利の関係と、債権という人に対する権利の関係の、2と
おりの権利関係を定めているということになります。

　人の物に対する権利を物権といいます。たとえば、所有権の場合には
「この物は私の所有物だ」と言いますが、これは物に対する権利なのです。

24……第1章　概説

それは物権というグループに入るわけです。

人に対する権利が債権、物に対する権利が物権で、民法はこの2つの権利をめぐってさまざまな関係を規定しているということになります。

(1) 具体例 ── 売買契約

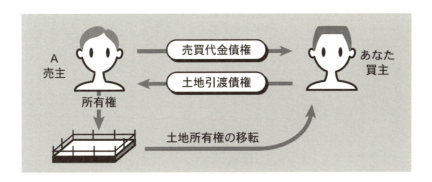

あなたとAさんとの間で、Aさん所有の土地をめぐって売買契約が行われた、という場面を考えてみてください。さて、そのときに売買契約というものによって、あなたとAさんの関係はどうなったでしょう？　さっきの話でいうと、売買契約をしたあなたはAさんに対して何が言えるでしょうか。Aさん所有の土地をあなたが買ったのだから、あなたが買主だと思ってください。そうすると、買主であるあなたは、Aさんに対して何が言えるか。その土地を引き渡してくれということが言えるわけで、あなたはAさんに対して土地の引渡債権をもつことになります。逆に、売主であるAさんはあなたに対してどういう債権をもつでしょう？　それは代金を払ってくれという債権をもつわけです。このようにあなたとAさんとが売買契約をしたら、代金債権と引渡債権という2本の債権が2人の間に発生することになります。これは契約が債権発生原因だから当然です。さて、2

人の間に生じた法律関係はこれだけなのだろうかというと、そうではありません。売買契約というのはどういう契約なのかというと、売主がもっていた目的物の所有権が買主に移るというものです。所有権が移転する。これも実は売買契約の効果として生じるものなのです。売買契約を締結すると、それだけで所有権が売主から買主に移転することになるわけです。

　たとえば、皆さんがパンを買おうとコンビニに行く。そこで、「おじさん、このパンください」「はい、いいですよ」ということで、パンの売買契約がそこで成立する。そのときに当然のことながら「このパンを引き渡してください」と言えるわけです。そこで、受け取って帰ろうとすると、おじさんは「ちょっと待ってよ、お客さん」と言うはずです。そして、知らないふりをして行こうとすると、「代金払ってよ」という話になります。なぜ「代金払ってよ」とおじさんが言えるのか。それはパンの売買契約によって代金債権が発生したからにほかなりません。代金債権が発生したから、コンビニのおじさんは「パンの代金払ってよ」と言える。それで代金を払って、パンを持って帰ります。そして店の外で袋を開けて食べようとしても、「ちょっと待ってよ、勝手に食べないでよ」とは言われません。それではなぜ、自分の買ったパンを自由に食べられるのか。コンビニの棚の上に置いてあった時点では、コンビニのおじさんの所有物だったのです。そのパンを今食べることができるのはなぜか。それはまさに売買契約の瞬間に、そのパンの所有権がこちらに移転したからにほかならないわけです。

　もう一度言うと、売買契約をしたことによって、2つの債権が発生したわけです。引渡債権と代金債権とが発生した。それからその物の所有権が移転した。これが同時に行われるのが、売買契約というものなのです。普通の常識の世界をめんどうくさく法律的に説明しただけの話ですが。

　ところで、売買契約とはどういうときに成立するかというと、申込みと承諾とが合致すると成立します。たとえば、「このサンドイッチを売って

26……第1章　概説

ください」「はい、いいですよ」というように申込みと承諾が一致すると、契約が成立することになります。ですから、「サンドイッチを売ってください」と申込みをして、そのコンビニのおじさんが「はい、おにぎりですね」と言っておにぎりを渡したのでは、申込みと承諾の一致がなく、契約は成立しないわけです。そして「このサンドイッチを売ってください」「はい、いいですよ」と口で言うこともあれば、何も言わずに「ぽん」とお金だけを出すこともありますが、それが実は申込みの意思を表示したことになります。

　このように売買契約はすべて、申込みと承諾の合致だけで成立してしまいます。つまり、「この1億円の土地を売ってください」「はい、いいですよ。この土地でいいんですね。わかりました」というその瞬間に、1億円の土地の売買契約が成立する。しかも、1億円の土地の所有権が実はその瞬間、こちらに移ってくる。民法上はそういう世界です。ですから、コンビニで100円のパンを買う場合だけでなく、「このビル100億円かい、これ買うよ。売ってくれないか」と申込みをして、「わかりました。それでは100億円で売ってあげましょう」と承諾があったときには、その瞬間、100億円のビルの売買契約が成立します。そして、こちら側は100億円を支払う債務が発生するし、その100億円のビルを引き渡してくれという債権が発生する。そしてまた同時に、民法上は、100億円のビルの所有権がこちらに移ってくるということになります。

　ところで、売買契約書は交わさなくていいのかなと思うかもしれません

Ⅱ　財産法の仕組み……27

が、その必要はありません。売買契約書というのは実は証拠にすぎないのです。裁判の場面での証拠という意味しかありません。ですから、売買契約自体は申込みと承諾で成立してしまうのです。よく売買契約書にサインしていないからよいと素人は考えてしまいますが、契約の成立には全然関係ありません。売買契約書を作るも作らないも関係ないし、ましてや印鑑を押していないということも関係ありません。売買契約書を作るということは、いざというときに、「証拠を見せろ」という話になったとき、「間違いありません」ということを主張するために必要なものだということです。だから、売買契約書の有無というのは、売買の成立にはまったく関係がないのです。

さて、以上述べたように、売買契約では債権の発生と所有権の移転が同時に行われたわけですが、民法の世界ではこのように債権の話と物権の話が同時に出てくる場合が多いのです。もちろん、契約の中には賃貸借契約のように債権しか問題にならないものもあります。ですが、民法を勉強するときには債権と物権をばらばらに勉強するのではなく、常に両方とも一緒に考えるということがとても大切なのだということを、ぜひ頭に入れておいてください。

大学で民法を勉強すると、まず総則をやって次に物権、債権をやってというようにばらばらに勉強するから、わからなくなってしまうのです。条文を1条から順番に勉強しても、民法がわかるようにはなりません。そうではなくて、債権と物権を常に一緒に考えるクセを身につけてください。そして、1つの場面で使う条文もあちこちにちらばっているので、慣れるまでは条文を引く作業が難しいかもしれません。ですから、条文は出てくる度にめんどうくさがらずに必ず引いて、何度も何度も見るようにしてください。特に最初のうちは声に出して読むことをおすすめします。

❹民法の全体図

　さて、債権と物権が一緒になって出てくるものだということを前提に、民法のおおまかな全体図をみてください（次頁の図参照）。

　民法はまず、財産法と家族法に分かれ、家族法は親族法と相続法に分かれます。そして財産法のほうですが、大きく分けて物権法と債権法に分かれます。そして債権のほうが契約、事務管理、不当利得、不法行為の４つに分かれます。これら４つが債権の発生原因ということになります。

　一方、物権には占有権と本権という分類があります。占有権というのは、物を事実上支配する権利のことです。今、私はテキストを手に持っていますが、これは私が事実上支配しています。そこで、私がこのテキストに対して占有権があるという言い方をします。また、私の目の前にあるコンピュータに対しては触っていないのですが、私が支配していますからこれについても占有権があるといいます。それから私は自分の家に本を置いていますが、それは今、自分の家に置いてある本ですが、私が事実上支配していますから私が占有しているといいます。このように占有権というのは手に持っているだけではありません。そしてこれは事実上それを支配していればいいのであって、それを支配するもとになる権利は関係ないのです。

　これに対して、その支配のもとになる権利のことを本権といいます。たとえば、私がテキストを自分の所有物として持っているときには、所有権という本権をもっているわけです。所有権というのがその本権の中身だということになります。ですから、占有権というのは事実上の支配権、その支配する根拠となる権利が本権だと思ってください。

　なお、占有権というもの自体は事実上支配する権利ですから、本権がなくてもかまいません。私は今、所有権という本権に基づいてテキストを占有しています。ところが、このテキストを泥棒が盗んでいったとすると、その泥

Ⅱ　財産法の仕組み……29

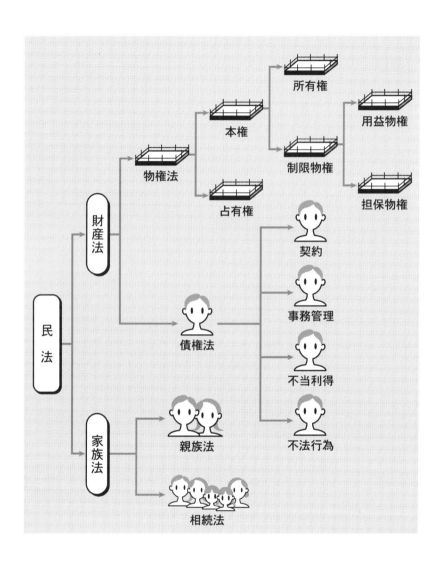

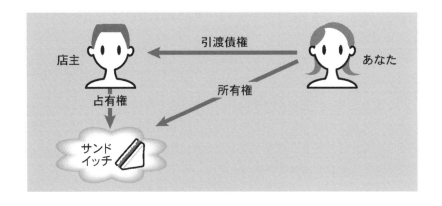

棒は所有権をもっていません。したがって、その泥棒には本権はないけれど、占有権だけはあるわけです。というのは、泥棒も事実上それを支配しているわけだから、占有権はあるのです。所有権というのは、まさにそれを支配する根拠になる、支配を正当化するものですが、きわめて観念的な存在で、もちろん目に見えません。まさに人間が頭の中で考えた、観念的な概念にすぎないのです。この所有権、占有権の両方が、物権という分類に入ります。

ですから、先ほどの例でコンビニに行って、レジの脇においてあるサンドイッチを「これください」と言っておいて、「はい、200円ですよ」と言われて、お財布の中からお金を出そうとしている。そのときに、「おじさん、このサンドイッチください」「はい、いいですよ」の段階で契約が成立した、ということでお金を払う債務を負担しますから、お金を払ってそのおじさんからサンドイッチを引き渡してもらおうとしますが、観念的な所有権はすでにこちらに移ってしまっているのです。それは何を意味しているのかというと、そのカウンター上に置いたサンドイッチの所有権は私にあり、それに対して占有権はまだそのコンビニのおじさんがもっているということです。

このように、本権たる所有権と占有権がずれてしまう場面があるのです。

それを一致させようとして、そのサンドイッチの引渡しを要求するということになるわけです。

　つまり、所有権は契約のときに移ってしまうのだけれども、占有権は事実上の支配だから、実際に引き渡してもらわないとこちらに移ってこない。その占有権を移してもらうために引渡しを求める債権があるのだ、というふうに考えるとわかりやすいと思います。所有権が移っているのに何を請求するのだと思うかもしれませんが、それはサンドイッチの占有を引き渡してもらうために引渡債権がある、そういうイメージです。

　このように、本権は占有権とは違って事実上の支配を正当化するもので、所有権が典型的なものです。この所有権の中身を制限する物権として、制限物権というグループがあり、その中を更に用益物権、担保物権というグループに分けます。そして、さらにその中がいろいろ分かれていくのですが、今の段階では物権という概念の中で占有権と所有権という2つの概念のイメージをもてるようにしておいてください。

　ちなみに、所有権というのはどういう権利なのかというと、206条に出てきます。「所有者は、法令の制限内において、自由にその所有物の使用、収益及び処分をする権利を有する」。この、自由に使用、収益、処分をなすことができる権利を所有権といいます。使用とは、使うことです。ですから、コンビニで200円のサンドイッチを買って、私の所有物になったとき、私はこれを自由に使うことができます。たとえば、食べるだけでなく、絵を描くときのオブジェに使ったりすることもできます。それから収益とは、人に貸したりして収益、利益を上げることをいいます。サンドイッチだとありえませんが、土地や建物は人に貸して収益を上げることができる。それから処分とは、食べたり捨てたり人に譲渡したりすることができるということです。自由に使用、収益、処分ができる権利、これを所有権というのだ、と覚えておいてください。

ヤミ金業の今後

民法の特別法（特別法の役割については、コラム「うっかりダブルクリック」のところで説明します。57頁）である貸金業法によれば、貸金業を営む場合は、本来、内閣総理大臣や都道府県知事による貸金業としての登録が必要です（貸金業法3条1項）。ヤミ金とは、こうした登録を行わず、出資法の制限を超える金利を課したり、人権を無視した取立てを行ったり、または登録は受けているが同様の罪を犯したりする金融業者をいいます。このようなヤミ金からお金を借りた人は、高い利率の利息の返済にあえぎ、また、しつこい取立てによって精神的に大きな負担を負い、最悪の場合、自殺してしまうこともあります。

2006年、貸金業法が改正され、登録を受けないで貸金業を営んだ場合の刑事罰が、10年以下の懲役もしくは3000万円以下の罰金またはその併科（貸金業法3条1項、11条1項、47条2号）に引き上げられ、恐喝罪（刑法249条）と同等以上となり、ヤミ金に対する刑事罰はかなり重いものとなりました。

また、利息制限法の上限金利を超えるものの出資法の上限金利は下回る、いわゆるグレーゾーン金利について、従前は、一定の要件を満たせばこのような金利の弁済であっても例外的に有効な弁済と扱われていました（みなし弁済、貸金業の規制等に関する法律43条）。しかし、このみなし弁済規定は、2006年の法改正により貸金業の規制等に関する法律が貸金業法に改められたのと同時に削除され、2010年6月18日に貸金業法が完全施行されたことにより廃止されました。

さらに、最高裁判所は、ヤミ金による社会の倫理、道徳に反する醜悪な貸付行為は不法行為にあたるため、そのような貸付は民法708条の不法原因給付にあたるとしました（最判平成20年6月10日）。この判例によれば、ヤミ金による社会の倫理、道徳に反する醜悪な貸付行為によってお金を借りた人は、借りた元本すらヤミ金業者に返す必要がなくなることになります。そのため、ヤミ金業者にとってはかなり打撃となる判断であり、その社会的な意義も大きい判例であるといえます。

このような貸金業法の改正や最高裁判所の判断にみられるように、ヤミ金撲滅に向けた動きが社会的に活発になっているところです。

ただ、正規の貸金業者は、厳しい法律（貸金業法）に縛られ身動きが取れなくなっていますが、他方で、ヤミ金はやりたい放題で、さらに悪質化しているとの指摘もされています。前述したように、ヤミ金撲滅に向けた動きは活発なのですが、ヤミ金の中には、のうのうともうけている業者のほうが圧倒的に多いですし、だれかが逮捕されても、別の実行犯を用意して、また同じことを繰り返す組織もあります。さらなる対策が必要とされるところです。

Ⅱ　財産法の仕組み……33

理解度クイズ①

1　民法とは何か。

①　自由主義思想に基づいた市民社会のルール

②　社会主義思想に基づいた国民社会のルール

③　資本主義思想に基づいた市民社会のルール

④　福祉主義思想に基づいた国民社会のルール

2　民法典を大きく2つに分けると何と何からなるか。

①　親族法と相続法

②　財産法と家族法

③　契約と不法行為

④　人権と統治

3　次のうち、民法とは関係のないものはどれか。

①　彼女のために指輪を買った

②　彼女に指輪をプレゼントした

③　彼女と婚約した

④　結婚詐欺で逮捕された

4　あなたはA君からパソコンを買い受ける契約をした。このときあなたがA君に対して主張するものはどれか。

①　代金支払債権

②　パソコンの引渡債務

③　不法行為に基づく損害賠償債権

④　パソコンの引渡債権

5 財産法に含まれないものはどれか。

① 物権法

② 契約法

③ 不法行為法

④ 相続法

6 債権の発生原因でないものはどれか。

① 不法行為

② 事務管理

③ 不当利得

④ 契約

⑤ 所有権

7 自動車の売買契約で正しいものはどれか。

① 自動車の引渡債権についての債権者は売主である

② 自動車の引渡債権について債務者は買主である

③ 代金債権について債権者は買主である

④ 代金債務を負っているのは買主である

※解答は巻末

第2章 財産法

Ⅰ 財産法の全体像

Ⅱ 主体

Ⅲ 契約の成立から効力発生まで

Ⅳ 物権

Ⅴ 債権の発生から満足して消滅するまで

Ⅵ 債権の効力としての問題が生じたときの処理

Ⅶ 債権の履行確保の手段

（所有権に関する事項）

約	受付年月日・受付番号	権利者その他の事項
	平成2年5月16日 第　号	所有者　東京都豊島区 　号 　株式会社 順位1番の登記を移記
	[余白]	昭和63年法務省令第37号附則第2条第2項 の規定により移記 平成3年7月11日

（所有権以外の権利に関する事項）

約	受付年月日・受付番号	権利者その他の事項
	平成2年6月19日 第　号	原因　平成2年6月13日設定 極度額　金　億円 債権の範囲　銀行取引 　手形債権 　小切手債権 債務者　東京都豊島区 　号 　株式会社 根抵当権者　東京都中央区 　番 共同担保　目録の第　号 順位1番の登記を移記
	[余白]	昭和63年法務省令第37号附則第2条第2項 の規定により移記 平成3年7月11日

宮城県仙台市　　　　　　　　　全部事項証明書　　　（建物）

表　題　部	（主である建物の表示）	調製	平成3年7月11日	不動産番号	37
所在図番号	[余白]				
所　在	仙台市青葉区			[余白]	
家屋番号	23番			[余白]	

① 種　類	② 構　造	③ 床　面　積　㎡	原因及びその日付〔登記の日付〕
共同住宅	鉄筋コンクリート造陸屋根 4階建	1階　　446　15 2階　　427　77 3階　　427　77 4階　　427　77	平成2年4月2日新築
[余白]	[余白]	[余白]	昭和63年法務省令第37号附則第2条第 2項の規定により移記

I　財産法の全体像

　それではこれから、財産法の内容に入っていきます。

　まずは、財産法の主体をみておきます。契約の当事者になれるのはどういう人かという問題です。次に、契約が有効に成立するための要件を検討してみます。その後で、物権、そして債権が満足して消滅していく場面、債権の効力として問題が生じたときの処理、そして発生した債権の回収手段として債権の保全と担保についてみます。

　債権の保全、担保が問題となるのは、債権は人に対しての請求権だからです。つまり、債権があるだけでは要求できるだけなので、その要求に応じるか否かは相手方次第ということになり、相手が応じないならば裁判所に訴えて無理矢理やらせるということになります。それを強制執行というのですが、具体的には債務者のもっている財産を売却してお金に換えるという手続を採ります。強制競売という言葉を聞いたことがあると思うのですが、債務者のもっている財産を売り飛ばしてお金に換えて、裁判所がその売り飛ばしたお金から払ってくれる、というものです。このように強制執行ができるといっても、債務者のもとに売ってお金に換える財産がないとだめですよね。つまり、債権というものは相手に要求できるだけであって、相手が実際に払ってくれるかどうかはわからないので、払ってくれないときのことを考えて、事前にさまざまな手を打っておく必要があります。それが担保という制度で、抵当権を付けたり保証人を付けたりするのです。そして、その手を打つのを失敗すると、不良債権ということになります。つまり、債権はあるけれども実際に経済的には無価値、ということになってしまうのです。ですから、債権があることと現実に払ってもらえるかということとは別の問題です。そして、現実に払ってもらえるようにあらかじめきちんと財産を押さえておこう、そのための手段を考えるのが、

38……第2章　財産法

この保全、履行の確保というところです。

Ⅱ　主体

❶自然人と法人

　さて、まず契約の主体ですが、自然人と法人の大きく2つに分かれます。権利の主体のことを人といい、権利の主体になれる資格を権利能力といいます。そして、権利能力をもっている人のことを権利能力者といいます。自然人というのは私たち人間、法人というのは法が人と同じように認めたものです。会社だとか学校法人とか財団法人とかいうようなものです。ちなみに、自然人である人間が権利能力を取得するのは生まれてから死ぬまでの間で、これには例外はありません。他方、法人が権利能力を取得して権利能力者となれるのは、一定の法律上の要件を満たしたときだけです。

> ▶▶▶第33条（法人の成立）
> ①法人は、この法律その他の法律の規定によらなければ、成立しない。
> ②学術、技芸、慈善、祭祀、宗教その他の公益を目的とする法人、営利事業を営むことを目的とする法人その他の法人の設立、組織、運営及び管理については、この法律その他の法律の定めるところによる。
> ▶▶▶第34条（法人の能力）
> 法人は、法令の規定に従い、定款その他の基本約款で定められた目的の範囲内において、権利を有し、義務を負う。

❷制限行為能力者

　自然人も法人も権利の主体になれるのですが、自然人の中で、権利の主体にはなれても契約などすべての行為を完全に1人ではできない人たちがいます。こういう人たちを制限行為能力者といい、これには未成年者、成年被後見人、被保佐人、被補助人の4者がいます。行為能力とは、単独で確定的に有効な意思表示をなしうる能力をいいます。また、意思表示という言葉は、今の段階では文字どおり自分の考えていることを表示することと考えてください。たとえば、「サンドイッチを売ってください」という申込みの意思表示、「はい、いいですよ」という承諾の意思表示です。このように、思っていることを表示することを意思表示といいます。

　さて、制限行為能力者のうち、まず、未成年者とは20歳未満の人*をいいます。未成年者は1人で有効な契約をすることができず、法定代理人の同意が必要なのです。それから、成年被後見人というのは、精神病などによって1人で有効な意思表示ができないため家庭裁判所で後見開始の審判を受けている人のことをいいます。成年被後見人は重い精神病などにより物事を理解し、判断する能力が著しく不十分な状態になってしまっている人、被保佐人はそれよりは軽い精神上の障害がある人、そして被補助人は更にその状態は軽いが、1人で法律行為をさせるには不安だという人で、いずれも家庭裁判所による審判を受けている人たちのことをいいます。最近では精神障害だけでなく、お年寄りの問題もあります。お年寄りなどが重度

キーワード　自然人
生身の人間のことを民法上自然人とよぶ。

*2022年4月1日以降は、18歳になる（改正4条）。

の物忘れを起こすなどの認知症にかかって、自分のもっている財産をどんどん他人にあげたりしたときに、1人でそういうことをやられたら困るので、そのお年寄りに対して保佐開始や補助開始といった審判を受けさせようというのです。おじいちゃんを被保佐人としたとすると、そのおじいちゃんは1人では完全には有効な契約ができなくなり、勝手に自分の財産を売ったり人にあげたりできなくなるわけです。

　未成年者、成年被後見人、被保佐人、被補助人はいずれにせよ1人で有効な意思表示ができない、したがって契約もできない、ということだと思ってください。こういった人たちを制限行為能力者といいます。

　　　▶▶▶第5条（未成年者の法律行為）
　　①未成年者が法律行為をするには、その法定代理人の同意を得なければならない。ただし、単に権利を得、又は義務を免れる法律行為については、この限りでない。
　　②前項の規定に反する法律行為は、取り消すことができる。
　　③第1項の規定にかかわらず、法定代理人が目的を定めて処分を許した財産は、その目的の範囲内において、未成年者が自由に処分することができる。目的を定めないで処分を許した財産を処分するときも、同様とする。
　　　▶▶▶第9条（成年被後見人の法律行為）
　　成年被後見人の法律行為は、取り消すことができる。ただし、日用品の購入その他日常生活に関する行為については、この限りでない。
　　　▶▶▶第13条（保佐人の同意を要する行為等）
　　①被保佐人が次に掲げる行為をするには、その保佐人の同意を得なければならない。ただし、第9条ただし書に規定する行為については、この限りでない。
　　一　元本を領収し、又は利用すること。
　　二　借財又は保証をすること。

キーワード　法人
法律関係の主体となるのは自然人にかぎられない。一定の要件を満たした団体やまとまった財産がそれで、法律上「人」としての地位を認められた主体であるから、法人とよばれる。

II　主体……41

三　不動産その他重要な財産に関する権利の得喪を目的とする行為をすること。

四　訴訟行為をすること。

五　贈与、和解又は仲裁合意（仲裁法（平成15年法律第138号）第2条第1項に規定する仲裁合意をいう。）をすること。

六　相続の承認若しくは放棄又は遺産の分割をすること。

七　贈与の申込みを拒絶し、遺贈を放棄し、負担付贈与の申込みを承諾し、又は負担付遺贈を承認すること。

八　新築、改築、増築又は大修繕をすること。

九　第602条に定める期間を超える賃貸借をすること。

十　前各号に掲げる行為を制限行為能力者（未成年者、成年被後見人、被保佐人及び第17条第1項の審判を受けた被補助人をいう。以下同じ。）の法定代理人としてすること。

②家庭裁判所は、第11条本文に規定する者又は保佐人若しくは保佐監督人の請求により、被保佐人が前項各号に掲げる行為以外の行為をする場合であってもその保佐人の同意を得なければならない旨の審判をすることができる。ただし、第9条ただし書に規定する行為については、この限りでない。

③保佐人の同意を得なければならない行為について、保佐人が被保佐人の利益を害するおそれがないにもかかわらず同意をしないときは、家庭裁判所は、被保佐人の請求により、保佐人の同意に代わる許可を与えることができる。

④保佐人の同意を得なければならない行為であって、その同意又はこれに代わる許可を得ないでしたものは、取り消すことができる。

　5条1項をみてみましょう。「未成年者が法律行為をするには、その法定代理人の同意を得なければならない。ただし、単に権利を得、又は義務を免れる法律行為については、この限りでない」と書いてあります。法定代理人の同意とは、簡単に言えば親権者の同意が必要だといっているわけ

キーワード **行為能力**
単独で確定的に有効な意思表示を
なしうる能力を行為能力という。

です。法律行為という言葉が出てきましたが、簡単に言えば契約のことと思ってください。契約などをするときには親権者などの同意が必要だということです。2項には「前項の規定に反する法律行為は、取り消すことができる」とありますが、もし単独で勝手に契約をしてしまったときには、その契約は取り消すことができるという意味です。

　それから成年被後見人は9条です。「成年被後見人の法律行為は、取り

成年

　2018（平成30年）6月13日、民法の成年年齢を20歳から18歳に引き下げること、女性の婚姻開始年齢を16歳から18歳に引き上げることを内容とする民法の一部を改正する法律が成立しました。この改正法は2022年4月1日から施行されます。これにより、18歳は、単独で契約を締結したり、親権に服することなく自由に経済活動ができるようになります。

　もっとも、自由に活動できるようになる反面、高校生であっても、18歳であればローンを組んで車を購入したり、クレジットカードを作って散財することもできるため、社会に与える影響は大きいです。それに加えて、連帯保証のような重大な責任を伴う契約も単独で締結できるようになってしまうため、若者の保護に欠けるのではないかと懸念されています。

　さらに、成年年齢の引下げにより影響を受けるのは民法だけ

ではありません。たとえば、成人式をどうするのかという問題は、各地方自治が頭を悩ませているでしょう。成人＝成人式の年齢と考えた場合、多くの人が高校3年生の1月に成人式に参加することになります。つまり、進学を希望する高校生であれば成人式に参加するか、受験勉強を優先するかなどを選択することになるのです。いずれも、人生にとって重要なイベントであるため、その優先順位をつけることはなかなか難しいでしょう。

　このように法律の改正というのは社会に大きな影響を与え、時には国民を困らせることもあります。新しい問題や新しい社会の課題、これらは古い考え方に固着した法律家では対応しきれません。特に、インターネットや技術の発展した現代社会ではますます困難です。そのため、新しい世代を中心に国民が社会のさまざまな問題を解決していくことを私は期待しています。

Ⅱ　主体……43

消すことができる」と書いてあります。被保佐人については13条が「被保佐人が次に掲げる行為をするには、その保佐人の同意を得なければならない」としています。これは保佐人という人がいて、その人の同意がないと１項の１号から10号までの行為を１人ですることができないという意味の条文です。４項には、「保佐人の同意を得なければならない行為であって、その同意又はこれに代わる許可を得ないでしたものは、取り消すことができる」とあり、やはり取消しができるということになっています。もっとも、日用品の購入など日常生活に関する行為については取り消すことはできません。これすら単独でできないのでは、かえって制限行為能力者の生活が不便になってしまい、取引の安全も害されてしまうからです。

意思能力

行為能力という概念のほかに、意思能力という概念があります。意思能力というのは、契約などの法律行為を行った結果、つまり法律行為に基づく権利義務の変動を理解するに足りる精神能力をいいます。要するに、有効に意思表示をする能力のことです。

前に触れた私的自治の原則のもとでは、人は、みずからの意思に基づいてのみ権利を有し、義務を負います。ですから、人が契約などの法律行為をするには、法律行為の結果を判断するだけの精神能力がなければなりません。意思能力を欠いた者の行為は、意思に基づいたものとはいえないのです。そのため、従来から、意思能力を欠く者のした法律行為は無効と解されて

いました。さらに、債権法改正時に、「法律行為の当事者が意思表示をした時に意思能力を有しなかったときは、その法律行為は、無効とする。」（３条の２）と規定され、2020年４月１日に施行となりました。

しかし、このような意思能力は、当事者が意思表示をした時の状態に着目して、当事者ごとに個別に判断されるため、意思能力の有無の証明が困難なことが多いのです。その証明がされなければ、結局、法律行為は有効とされ、意思無能力者が不利益を被るおそれがあります。

そこで、意思無能力者の保護を確実にするために設けられた制度が、本文で説明した行為能力制度・制限行為能力者制度なのです。

理解度クイズ②

1 **権利主体として民法が規定しているものは、自然人とどれか。**

   ① 社会人

   ② 法人

   ③ 法曹人

2 **権利能力者でないものはどれか。**

   ① 成年被後見人

   ② 被保佐人

   ③ 未成年者

   ④ 胎児

3 **制限行為能力者でないものはどれか。**

   ① 未成年者

   ② 成年被後見人

   ③ 被保佐人

   ④ 認知症の人

4 **制限行為能力者の行為はどのような効果をもつか。**

   ① 無効

   ② 取り消しうる

   ③ 有効

※解答は巻末

Ⅲ 契約の成立から効力発生まで

❶有効に債権債務が発生するまで

契約が有効に効力を発生するには、4つのレベルの検討をする必要があります。

①成立要件、②有効要件、③効果帰属要件、④効力発生要件の4段階です。

契約が成立したとしても、それが法的保護に値するのかを検討する必要があります。それが有効要件です。そして、通常の契約は本人が行いますが、代理人を使って契約をする場合もあります。そのときには、代理人の行った契約によって債権債務が発生したり物権が移転したりする効果は、代理人に依頼した本人に生じます。このように、本人に効果が帰属するための要件が効果帰属要件です。これは代理の場合に問題になります。最後に、その契約に条件が付いている場合は、その条件が満たされないと債権債務は発生しません。期限が付いている場合も期限が来ないとだめです。たとえば、来年の4月1日に代金を支払うという売買契約の場合、その日が期限となっているのでその日にならないと代金債権は効力を生じないので相手に請求できません。このように、4つの段階を経て契約によって有効に債権債務が発生し、所有権という物権が移転するようになるのです。

それでは、順に各要件をみていきましょう。

❷契約の成立要件

まず、契約の成立要件ですが、契約は申込みの意思表示に対して承諾の意思表示が合致することで成立します。たとえば、「このサンドイッチください」と言って申込みをすると、それに対してコンビニの店員さんが

キーワード 意思表示（「意志」と書かないことに注意！）
意思表示とは、要するに「意思」（たとえば、あなたが「この本を買いたい」と考えること）の「表示」（あなたが「この本を売ってくれ」と口に出すこと）である。かつての伝統的理論は、この意思表示という概念を実に細かく分析した（動機・効果意思・表示意思・表示行為）。現在は、そのような分析方法には問題があると指摘さ

46……第2章　財産法

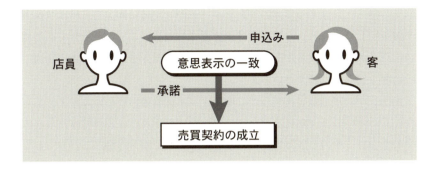

「はい、いいですよ。200円です」と言って承諾をします。これで売買契約が成立したわけです。

　このときに申込みの意思表示と承諾の意思表示は外形で一致すれば足りるといわれています。もちろん、お互いが心の中で考えていることがぴったり一致すればそれにこしたことはないのですが、もし、お互いの考えていることが違っていた場合でも、外から見て2人の表示したところが一致していれば契約成立としてしまうのです。たとえば、私が卵サンドがほしかったのに「ハムサンドください」と言ってしまい、それに対して店員さんが「はい、ハムサンドですね」と応じてしまった場合などです。このとき、2人の心の中は卵サンドとハムサンドで食い違っています。しかし、お互いの口に出した言葉、すなわち表示はハムサンドで一致しているわけです。よって、この場合は、ハムサンドの売買契約として成立させてしまいます。私は本当は卵サンドがほしかったのですが、この点は契約の成立には関係ありません。次の有効要件で問題になるだけです。

❸契約の有効要件

　このように、成立した契約が法的保護に値するかが次の契約の有効性の問題です。

れているが、判例理論を含めた伝統的理論を理解する必要上、そのような分析方法を頭に入れておいたほうがよいといえる。意思表示のところでは、本文であげた錯誤、強迫のほかに、心裡留保（意思表示の表意者が、表示行為に対応する真意のないことを知りながらする単独の意思表示）、虚偽表示（相手方と通じて真意でない意思表示

先の例で、自分としては卵サンドがほしかったのに間違えてハムサンドを買ってしまったという場合を考えてみましょう。こういう場合でも契約に拘束されてしまうのだろうか、という問題があります。そういう勘違いの場面を法的には錯誤といいます。

　また、コンビニの店員から「このサンドイッチはおいしいんだよ、辛くないからだいじょうぶ」と言われて買ったんだけれど、食べてみたらものすごく辛い。そのときに店員に対し詐欺じゃないか、と思うこともあります。

　それから、これはあまりないと思う事例ですが、ちょっと恐いコンビニで、店に入ったら何か買わなくてはいけないというコンビニがあったとします。そこで、ぷらぷら立ち読みをして帰ろうとしたら、店員から「ちょっと待て、なんか買っていけ」と言われ、恐いものだからしょうがないと思ってサンドイッチを1個買いました。これが強迫という場面です。

(1) 取消しと無効

　このように、詐欺された、強迫された、錯誤だなどと、契約をするときに意思表示に問題がある場合があります。そのとき、具体的には契約が有効だとか無効だとか取り消せるとか、そのような話になります。

　まず契約の効力が有効であるといった場合、それはまさに効力がきちんと生じているということです。売買契約ならば代金債権の発生、引渡債権の発生、所有権の移転という3つの効果がちゃんと生じることです。これに対して、無効は、はじめから効力がないことをいいます。別の言い方をすると、はじめから法的な保護に値しないということです。つまり、有効とは法的保護に値するということで、それはその契約の拘束力を認めるに値するという意味あいです。よって、この契約が有効か無効かというのは、その契約が法的拘束力を与えるのにふさわしいかどうかということを意味

を行うこと）、詐欺（人を欺罔して錯誤に陥らせる行為）にまつわる問題点を考察する。これらは契約の有効性の問題である。

します。法的拘束力というのは、守らなかったときに強制されるというものです。

　逆に、法的保護に値しない、法的に拘束されない契約が無効な契約ということになります。このとき、契約は成立しているが、無効だということになります。つまり、申込みと承諾が合致することによって契約が成立し、次に成立した契約が有効か無効かと、2段階に分けて考えるわけです。

　ですから、コンビニに行って、「おじさん、このサンドイッチください」「はい、いいですよ」と言ったとき、契約は成立する。ところが、お互いに契約を成立させるつもりがなく、示し合わせて売買をした形式をとっただけという場合、その契約は無効で、法的保護に値しない、法的に強制することができない、と言ったりするわけです。また、店員にだまされて、すごく辛いハムサンドを「辛くないから」と言われて買わされてしまったときも、契約は成立しているわけです。契約は成立しているけれども、だまされているから取消しができるという言い方をします。

　ここで取り消すことができるということはどういうことかというと、取り消すとさかのぼってはじめから効力がなくなることをいいます。取消しというのは、取り消すまでは有効、けれども取り消すと最初から無効になることをいいます。取り消すと契約は遡及的に無効になるともいいます。そして、その取消しができることを取り消しうる、取消権があるという言い方をします。取り消しうるというのは、取り消すか取り消さないかはその人の勝手だ、ということです。ですから、取消しというのは、その契約を有効なままにしておくのか、それとも取り消して無効な契約にしてしまうのか、選択権がその人に与えられているということなのです。

　それでは、どういうときに取り消せるかというと、詐欺されたときとか、強迫されたときなどに取り消すことができます。また、さっき出てきた制限行為能力の場合にも取り消すことができます。

Ⅲ　契約の成立から効力発生まで……49

どういう契約が取り消しうる契約で、どういう場合に無効な契約になるのかというのをまとめたのが次頁の図です。

　契約の有効性については、心裡留保、虚偽表示、錯誤、詐欺、強迫、制限行為能力が問題になります。お互いに契約を成立させるつもりがなく、示し合わせて売買をした形式をとっただけというとき、その契約は無効です。詐欺や強迫されたときは、取り消しうる、そして、未成年者などの制限行為能力のときも取り消しうる。未成年者なのに契約をしてしまったとき、それは、取り消すこともできるのです。

> ▶▶▶第120条（取消権者）
> ①行為能力の制限によって取り消すことができる行為は、制限行為能力者（他の制限行為能力者の法定代理人としてした行為にあっては、当該他の制限行為能力者を含む。）又はその代理人、承継人若しくは同意をすることができる者に限り、取り消すことができる。
> ②錯誤、詐欺又は強迫によって取り消すことができる行為は、瑕疵ある意思表示をした者又はその代理人若しくは承継人に限り、取り消すことができる。
> ▶▶▶第121条（取消しの効果）
> 取り消された行為は、初めから無効であったものとみなす。

　条文では、120条に取消権者、121条に取消しの効果が出てきます。120条は、1項で制限行為能力者（未成年者・成年被後見人・被保佐人・被補助人）またはその代理人（親権者や成年後見人）・承継人（相続人など）、同意をすることができる者（保佐人や補助人）といった人たちが、制限行為能力者が単独でなした行為を取り消すことができるとしています。そして、2項では、瑕疵ある意思表示をしてしまった人、これは錯誤や詐欺、強迫によって意思表示をした人のことをいうのですが、こうした95条、96条の

50……第2章　財産法

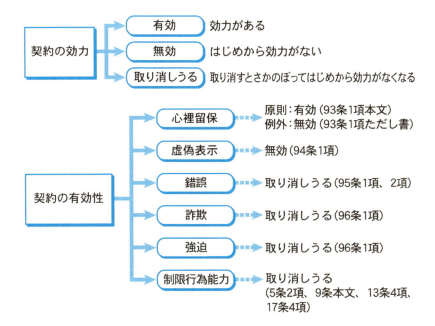

場合に該当する者、その代理人・承継人が取り消すことができるといっているわけです。

そして121条には、「取り消された行為は、初めから無効であったものとみなす」とあります。これが遡及的に無効ということの根拠条文になるわけです。

(2) 心裡留保

さて、心裡留保の「裡」という字の意味は、裏側という意味です。心の裏側すなわち本心を留保するという意味あいです。さて、その心裡留保というのは何なのかというと、意思表示の表意者が表示行為に対応する真意のないことを知りながらする単独の意思表示をいいます。これをもう少し

Ⅲ　契約の成立から効力発生まで……51

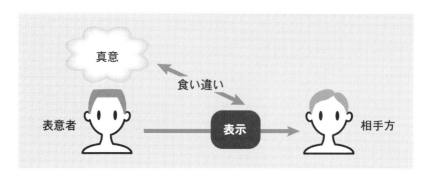

　わかりやすくいうと、たとえば「このサンドイッチを売ってください」という申込みの意思表示をしたそのときに、その「売ってください」という表示行為に対応する真意がないことです。本当はほしくないのにそれを隠して「これをください」と言ってしまう。しかも、それは本心ではないというのをわかっていながらそういう意思表示をしてしまうわけです。簡単に言えば、わかっていながら嘘の意思表示をすること、それが心裡留保です。または嘘までいかなくても、たとえば「君が試験に受かったら俺のバイクをあげるよ」とか、本当はそんな気は全然ないのに、ついつい話の中で冗談で言ってしまうこともあるかもしれません。

　このような場合は、本人は本心と違うとわかっているけれども、相手方にしてみれば本気にしてしまったりします。たとえば、「俺のバイクを君にあげるよ」と言われたら、「えっ、本当、ありがとう！」と本気にして期待してしまう。相手のそんな期待を保護しようというので、この心裡留保はその言ったとおりの拘束力が生じて、有効だというのが原則です。本人が自分で違うとわかっていたのに言ったのだからそれは仕方がない、ということです。ただ、その相手が「こいつ、こんなに気前がいいわけないよ」と、ちゃんと本心を見抜いて譲る気がないことを知っているという場合もあります。このように、相手が知っているか、知ることができたというと

きには、例外として無効になります。

> ▶▶▶第93条（心裡留保）
> ①意思表示は、表意者がその真意ではないことを知ってしたとき
> であっても、そのためにその効力を妨げられない。ただし、相手
> 方がその意思表示が表意者の真意ではないことを知り、又は知る
> ことができたときは、その意思表示は、無効とする。
> ②前項ただし書の規定による意思表示の無効は、善意の第三者に
> 対抗することができない。

　93条という条文がその心裡留保の条文です。「意思表示は、表意者がその真意ではないことを知ってしたときであっても、そのためにその効力を妨げられない」と書いてあります。意思表示は真意でないことを知ってこれをなしたためその効力を妨げられない、つまり心裡留保は有効だということをいっているわけです。

　それに続いて「ただし、相手方が表意者の真意を知り、又は知ることができたときは、その意思表示は、無効とする」と書いてありますが、真意を知っていたり、または知ることができたりする場合には、相手方を害することはないので契約は無効になります。

　これが心裡留保です。

（3）虚偽表示

> ▶▶▶第94条（虚偽表示）
> ①相手方と通じてした虚偽の意思表示は、無効とする。
> ②前項の規定による意思表示の無効は、善意の第三者に対抗する
> ことができない。

　次に、94条の虚偽表示です。条文には「相手方と通じてした虚偽の意思表示は、無効とする」と書いてあります。この虚偽表示というのは何かと

Ⅲ　契約の成立から効力発生まで……53

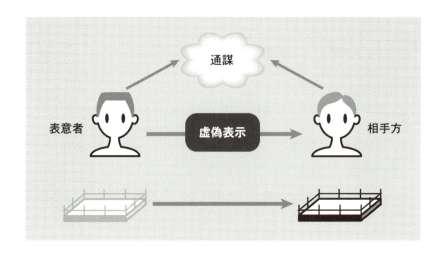

いうと、相手方と通じて真意でない意思表示を行うことです。要するに、相手方と相談した上で嘘の契約をしてしまうことをいいます。

これは相手と相談してやっているのだから、そんなものに法的な拘束を認めてやる必要はない、ということで無効になります。

相手方と通謀してどうしてそんな嘘の契約なんかするのだろうと思うかもしれませんが、たとえば自分がもっている土地、財産を強制執行されてしまうかもしれないという場合、財産隠しのために知り合いに頼んで売ったことにするような場合があります。契約書などを交わして売買契約をするわけですが、お互いに相談してそれは嘘の契約で本当は売らない、所有権は移転しないと示し合わせているとき、それが通謀虚偽表示ということになります。この場合にも法的保護に値しませんから、所有権も移転しないことになります。

(4) 錯誤・詐欺・強迫

▶▶▶第95条（錯誤）

①意思表示は、次に掲げる錯誤に基づくものであって、その錯誤が法律行為の目的及び取引上の社会通念に照らして重要なものであるときは、取り消すことができる。

一　意思表示に対応する意思を欠く錯誤

二　表意者が法律行為の基礎とした事情についてのその認識が真実に反する錯誤

②前項第2号の規定による意思表示の取消しは、その事情が法律行為の基礎とされていることが表示されていたときに限り、することができる。

③錯誤が表意者の重大な過失によるものであった場合には、次に掲げる場合を除き、第一項の規定による意思表示の取消しをすることができない。

一　相手方が表意者に錯誤があることを知り、又は重大な過失によって知らなかったとき。

二　相手方が表意者と同一の錯誤に陥っていたとき。

④第1項の規定による意思表示の取消しは、善意でかつ過失がない第三者に対抗することができない。

▶▶▶第96条（詐欺又は強迫）

①詐欺又は強迫による意思表示は、取り消すことができる。

②相手方に対する意思表示について第三者が詐欺を行った場合においては、相手方がその事実を知り、又は知ることができたときに限り、その意思表示を取り消すことができる。

③前2項の規定による詐欺による意思表示の取消しは、善意でかつ過失がない第三者に対抗することができない。

　錯誤については、95条1項に「意思表示は、次に掲げる錯誤に基づくものであって、その錯誤が法律行為の目的及び取引上の社会通念に照らして

Ⅲ　契約の成立から効力発生まで……55

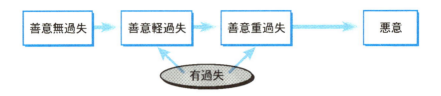

重要なものであるときは、取り消すことができる」と書いてあります。重要な部分に錯誤があったときは、意思表示を取り消すことができます。

　96条は「詐欺又は強迫による意思表示は、取り消すことができる」としています。以上、93条から96条まではぜひ覚えてください。

　さて、心裡留保のところで、相手方が知っていた場合または知ることができた場合には例外的に無効になるとありました。法律の世界で、あることを知っているとか、知らないということについて、善意とか悪意とかいう言葉を使うことがあります。善意とは当該問題となっている事実を知らないこと、悪意とは事実を知っていることをいいます。これは日常用語で使う善意、悪意とはまったく違う意味です。法律の世界で善意、悪意とは、善い悪いとは関係がなく、単に知っているか知らないかということだけをさします。たとえば、何も知らないで買ってしまった第三者のことを善意の第三者というふうにいって使ったりします。

　また、まったく不注意がなくて知らないときには善意無過失といいます。善意は3段階に分かれ、善意無過失、善意軽過失、善意重過失と徐々に重くなっていき、その下に悪意があります。ですから、知っているか知らないかという事柄については、まったく不注意もなく知らなかった段階（善意無過失）、軽い不注意があって知らなかった段階（善意軽過失）、重大な不注意があって知らなかった段階（善意重過失）、そしてちゃんと知っていたという段階（悪意）、その4段階のレベルに分かれるというわけです。なお、はじめの3つは善意という言葉を省くこともあります。また、軽過失

うっかりダブルクリック

インターネットの普及に伴い、インターネット上でショッピングをする人が急速に増えてきています。インターネット取引は、直接お店に出向かないでもボタン1つで商品を購入できる点でとても便利です。しかし、店員とお客さんが直接対面することがないため、本当に買うつもりがあるのかといった当事者の内心をお互いが認識しづらいという欠点があります。そして、そのような欠点から、しばしば「買った」「買わない」という争いが起こってしまいます。

Aは、インターネットで格安のパソコン（3万円）を見つけ、購入しようとクリックしました。しかし、うっかりダブルクリックしてしまったため、同じパソコンが2台送られてきました。売主は「たしかに2台分注文を受けている」と言っています。Aは2台分の代金を支払わなければならないのでしょうか。

Aとしては、錯誤による取消し（95条1項）を主張したいところですが、表意者（A）にうっかりミス（「重大な過失」）がある場合には取消しの主張をできません（同条3項）。そうすると、Aは2台分の代金を支払わなければならないことになりそうです。しかし、パソコンには単純な操作ミスが付きものであり、うっかりミスの責任もす

べて消費者が負担しなければならないとすると、本来便利であるインターネット取引の利用が敬遠されることになりかねません。そこで、「電子消費者契約等法」（正式には「電子消費者契約及び電子承諾通知に関する民法の特例に関する法律」）という法律が制定されています。これによれば、「消費者が……当該事業者との間で電子消費者契約の申込み又はその承諾の意思表示を行う意思がなかったとき」（同法3条1号）などには、うっかりミスがあった場合でも民法上の錯誤を主張できることになるのです。

ですから、Aは余分な1台については錯誤取消しを主張することができるため、2台分の代金を支払う必要はないのです。

上記の電子消費者契約等法は一般法である民法に対して特別法に位置づけられるので、特別法である電子消費者契約等法が優先的に適用されます。特別法は、一般法である民法を形式的に適用した場合の不当な結論を修正する役割を果たすものです。電子消費者契約等法は、民法の不当な結論を修正することによって、便利で使い勝手のいいインターネット取引の利用を促進させるという役割を担っているといえるでしょう。

Ⅲ　契約の成立から効力発生まで……57

と重過失を合わせて有過失という場合もあります。民法の世界では、善意無過失の第三者のみ保護されるとか、重過失だったら保護されないという言葉を使うことがよくありますから、この4つのレベルはきちんと整理しておいてください。

それでたとえば、心裡留保の場合、93条1項ただし書で、知っているすなわち悪意の場合には無効、また知ることができたときというのは知らないことについて過失があった場合というふうに読み換えますから、善意でも有過失の場合には無効という読み方をします。つまり、相手方が悪意または有過失のときには、無効ということです。

(5) 意思表示のまとめ

このように、無効だとか、取り消されたという事情がないかぎり、契約は有効で法的保護に値する、ということになります。この契約の有効・無効という話は、契約が成立した後のレベルの話なんだということをしっかり頭に入れておいてください。契約の成立という次元がまずあって、それは申込みと承諾が一致するかどうかの話です。たとえば、「おじさん、このサンドイッチください」「はい、おにぎりを売りましょう」というのではだめなのです。こういう場合にはそもそも契約は成立しておらず、有効・無効は関係ありません。「おじさん、このサンドイッチください」「はい、いいですよ」と、契約が成立した段階で、初めて有効性のところで錯誤や詐欺が問題になるわけです。そして、無効だとか取り消しうるという事情がないと、完全に有効な契約ということになります。

(6) 契約内容の有効性

今までみてきた、契約の有効性は当事者の意思表示が有効かという問題でした。これは当事者にかかわる有効要件の問題です。それに対して、契

58……第2章　財産法

約の内容に着目した有効性の問題もあります。たとえば、愛人契約は無効だという場合などです。これは契約内容についての有効要件の問題です。ここで契約内容の有効要件を少しみておきましょう。

契約内容の有効性としては、確定性、適法性、社会的妥当性の3つが問題になります。この3つの要件を1つでも満たさなかった場合は無効となります。

まず、契約はその内容が確定できるものでなければなりません。「何か売ってください」「はい、わかりました」では、いくら契約が成立したからといって法的に保護しようがありませんから無効となります。裁判所としても何を強制していいのかわからないわけです。これが確定性です。

次に、契約は適法なものでなければなりません。ですから、麻薬の売買契約は無効なのです。

そして最後に社会的に妥当なものでなければなりません。これは、公序良俗に違反する契約は無効ということです。民法90条に出てきます。愛人契約もこれに引っかかって無効となります。

▶▶▶第90条（公序良俗）
公の秩序又は善良の風俗に反する法律行為は、無効とする。

❹契約の効果帰属要件

このように、契約が有効であっても、その契約を代理人を通じて行った場合にその効果が本人に帰属するためには、効果帰属要件を満たす必要があります。

（1）代理制度

まず、代理という制度についてみてみましょう。

私たちは権利の主体になれるといっても、すべての契約を自分で直接し

Ⅲ　契約の成立から効力発生まで……59

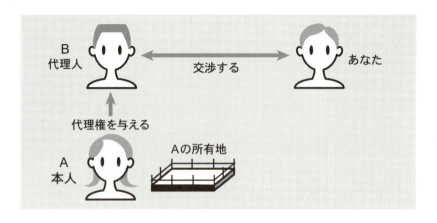

なければならないとすれば、大変な不都合が生じてしまいます。たとえば、何か商売をやっている人が東京で契約をする日に、大阪でもよい話があった。大阪でも契約をしたい、というとき、体は1つしかないわけですから、東京で契約をしている人が同時に大阪で契約をすることはできません。

それでも取引を逃したくないときにはどうするか。そのときは誰かに、自分の代理人として代わりに契約をしてきてほしいと頼みます。そして、頼まれた人が自分の代わりに法律行為を行うわけです。これを代理といいます。

たとえば、AがBに自分の土地を売る権限、すなわち代理権を与えると、代理人BがAの土地の売買をすることができる。この代理制度があるおかげで、Aは代金額の交渉などをすべてBに任せることができるのです。つまり、Aは代理制度があるおかげで自分の活動範囲を広げることができるわけです。

さて、代理というのは代理権という権限を与えて、その代理権を与えられた人、つまり代理人が相手方と契約をするのですが、その際代理人は自分がAの代理人である旨を表示します。これを顕名といいます。つまり、

キーワード　代理
民法では、人はみずからの意思に基づいてのみ拘束されるというのが原則である（これを私的自治の原則という）。しかし、一定の場合に、他人の意思表示によって成立した契約に本人が拘束されることを認めないと、きわめて不便である。これを認めた

きちんと自分は代理人として行動しているのであって、この契約の効果は すべてＡさんに帰属しますよということを相手方に知らせる必要があるの です。そして、交渉がまとまったらどうなるのかというと、売買契約自体 がＡと買主との間で直接発生します。代理権を与えたＡのことを本人とい いますが、代理制度の特徴は本人が直接やってなくても、他人がやったこ とについての効果が本人に帰属するという点にあります。

　効果が本人に帰属するということはわかりにくいかもしれませんが、た とえば売買契約の効果は、代金債権の発生、引渡債権の発生、所有権の移 転の３つでした。これが本人Ａに帰属するというわけです。そしてＡは、 相手方である買主に向かって、代金債権を行使し、引渡債務を負う。そし て、所有権が移転するという効果がＡのもとに生じるということになりま す。直接契約していないにもかかわらず、効果が自分のところに帰属する。 このような制度が代理です。自分の行っていない法律行為の効果が帰属す るというわけです。この代理が本人に効果帰属するための要件なので、効 果帰属要件とよびます。

　ここで代理の要件を整理してみますと、まず、代理権、そして相手方に 自分が代理人であることを示す顕名、その上での代理人と相手方の有効な 法律行為の３つとなります。

（2）無権代理と表見代理

　仮に、代理権がないのに代理人として契約してしまった場合、それを無 権代理といいます。このときは契約の効果は誰にも帰属しない不確定な状 態になります。本人に効果は帰属しません。これを無効という先生もいま すが、ペンディングの状態、効果不帰属といったほうが正確です。そして、 本人がその無権代理行為を追認すると本人に効果帰属します。本人が「ま あ、しょうがないか」と認めているのですから本人に効果帰属させてかま

のが代理という制度である。代理は、（1）制限行為能力者等の法定代理、（2）任意代理 の２つに分けられるが、このうちもっとも重要なのは、（2）の任意代理である。

Ⅲ　契約の成立から効力発生まで……61

わないわけです。また、一定の要件のもとで相手方がその無権代理人には有効な代理権があると信じて取引してしまった場合は、その相手方の信頼を保護するために本人に効果帰属させてしまうことがあります。これを表見代理といいます。

本人はまったく売る気がないのに無権代理人が勝手に本人の土地を売却してきてしまったという場合、本人の利益を保護するためにはその無権代理行為の効果は本人に効果帰属させないほうがいいわけです。この場合は相手方は土地所有権を取得できません。逆に、相手方の保護を考えるとその取引を有効として本人に効果帰属させて土地所有権を相手方に移転させたほうがいいことになります。もちろん、悪いのは無権代理人なのですが、たいていこのような悪いことをする人は問題が発覚したときには相手方から受け取った代金をもってどこかにいなくなってしまっています。すると、この損害を本人が負担するのかそれとも相手方が負担するのかという問題が生じるのです。このときに本人を保護して本人がその財産を失わないようにすることを「静的安全を保護する」といいます。他方、相手方が土地を取得できるようにすることを「動的安全を保護する」または「取引の安全を保護する」といいます。民法ではこのように静的安全と動的安全の調和がテーマになることが多いのです。

それでは、どのように調整したらいいでしょうか。一般にはこの場合、本人に何らかの事情があって土地所有権を失ってもやむをえないようなときは動的安全を保護して相手方に所有権を移転させてしまいます。これが表見代理という制度です。たとえば、本人が代理権を与えていないのに無権代理人に委任状を渡してしまったような場合が考えられます（109条1項）。無権代理人がその委任状を使ってあたかも自分が本人の代理人であるかのごとく装って土地の売買をしてきてしまったとしても、本人に責任の一端があるのですから、代理権の存在を信じてしまった相手方のほうを

62……第2章　財産法

保護しようとするわけです。このほかにも表見代理にはいくつかの場合があるのですが（110条、112条）、いずれにせよ、表見代理は動的安全、取引安全のための制度であることを知っておいてください。

❺契約の効力発生要件

　最後に、契約の効力を発生させるには、条件、期限を満たさなければなりません。もちろん、条件、期限が付いていた場合のみ問題になります。ここで条件とは成否が不確実な事実に効力発生をかからしめることをいいます。期限とは成否が確実な事実にかからしめることをいいます。たとえば、「来年、大学に合格したら車を買ってあげよう」というのは大学に合格するかどうかわからないわけですからこれは条件です。それに対して、「来年の4月1日になったら車を買ってあげよう」というのは確実ですから期限ということになります。

　こうして効力発生要件を満たして初めて売買契約による債権債務の発生と、所有権の移転という物権変動の効果が生じるのです。

❻まとめ

　契約が有効に効力を発生するための4つの段階、すなわち、①成立要件、②有効要件、③効果帰属要件、④効力発生要件をみてきました。次頁にまとめて図を書いておきましたので、みておいてください。

Ⅲ　契約の成立から効力発生まで……63

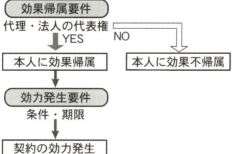

理解度クイズ③

1 契約が有効に効力を発生するために検討する要件として正しくない
   ものはどれか。

   ① 成立要件

   ② 契約書の形式要件

   ③ 有効要件

   ④ 効果帰属要件

   ⑤ 効力発生要件

2 あなたが土地を売る権限を他人に与えた場合、このような制度を何
   というか。

   ① 代行制度

   ② 代打制度

   ③ 代返制度

   ④ 代理制度

3 民法の意思表示の規定にないものはどれか。

   ① 錯誤

   ② 虚偽表示

   ③ 詐欺

   ④ 強迫

   ⑤ 恐喝

4　A君はその気がないのに何も知らないBさんに指輪をあげる約束を
してしまった。このとき問題となるのはどれか。
　　①　虚偽表示
　　②　錯誤
　　③　心裡留保
　　④　結婚詐欺

5　契約の効力と関係のないものはどれか。
　　①　取り消しうる
　　②　無効
　　③　有効
　　④　時効

6　A君は無一文に見せかけるため、所有する土地を売る気がないにも
かかわらずB君にこれを打ち明けて譲り渡してしまった。この契約
の効力として正しいものは。
　　①　心裡留保により有効
　　②　虚偽表示だが有効
　　③　詐欺により取り消しうる
　　④　虚偽表示により無効

7　A君はB君にだまされて大切にしていた切手をB君に売ってしまっ
た。このとき、A君の主張として誤っているものは。
　　①　詐欺による取消しを主張できる
　　②　いい値で買ってくれたからそのまま有効
　　③　虚偽表示により無効

※解答は巻末

66……第2章　財産法

Ⅳ 物権

これまで、売買契約によって債権債務が発生し、所有権が移転するための要件をみてきたのですが、ここで所有権の移転に関連して物権そのものについて少し検討してみましょう。

❶物権の客体

売買契約などをしたときに所有権の移転という物権の変動が生じます。まず、人の物に対する権利を物権といいました。典型例が所有権です。さて、物権の客体なのですが、これを物といいます。物とは固体、液体、気体の3つで、法律の世界では有体物といいます。気体も液体も物です。酸素を売ったり買ったりすることなども当然ありますから。

> ▶▶▶第86条（不動産及び動産）
> ①土地及びその定着物は、不動産とする。
> ②不動産以外の物は、すべて動産とする。
> ③無記名債権は、動産とみなす。

次に、物は不動産と動産に分けられます。まず、不動産とは、土地とその定着物をいいます。86条1項をみると、「土地及びその定着物は、不動産とする」と書いてあります。土地およびその土地にくっついているものが不動産とよばれます。さて、土地に定着しているものの典型例が建物なのですが、この建物だけは土地と別個の不動産と考えます。ですから、不動産といわれたら、土地、建物と思ってかまいません。それでは、ほかに土地の定着物というと何があるでしょうか。たとえば庭に生えている樹木は、土地にくっついている定着物なので、不動産になります。法律の世界では、地面に生えている木は土地の一部と考えます。さらに桜の木に花が咲くと、

Ⅳ　物権……67

  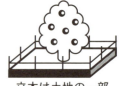

不動産　　　　土地と建物は別々　　　立木は土地の一部

その花も土地の一部になります。それから木にぶら下がっているリンゴやブドウも、土地の一部になります。

ところが、木が伐採されたり、リンゴやブドウが切り離されたりすると、その瞬間に土地の定着物ではなくなって、動産になります。不動産以外は全部動産であるというのは、86条2項に「不動産以外の物は、すべて動産とする」と書いてあります。このように、土地と建物が不動産で、土地に生えている樹木は土地の一部だということをしっかり覚えましょう。

❷物権変動

さて、そういうものを物権の対象として扱うということですが、次は物権変動の話です。所有権の移転は通常、売買契約などを通じて行われます。このように、所有権などの物権が、契約その他の原因によって、発生、変更、消滅することを物権変動といいます。物権が動くことを物権変動というわけです。変動の中身が発生・変更・消滅です。

たとえば、所有権が発生する、変更する、消滅する、というさまざまな過程のことを、物権変動といいますが、その中でもっとも大切なのは所有権の移転という物権変動です。所有権が売主から買主に移転するという物権変動が、もっとも重要だということになります。どういうときに所有権が移転するかというと、典型的なのは契約です。ただ、契約だけではなく、たとえば相続によって、今まで自分の父親がもっていた土地の所有権が自

分に移転することもあります。

(1) 意思主義

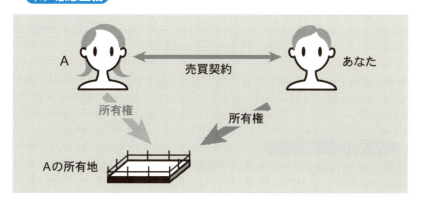

　それでは、契約に基づく物権変動について考えてみましょう。売買契約によって所有権がAからあなたに移転する、という例です。そのときに、先ほども説明したとおり、「この土地をください」「はい、いいですよ」という売買契約、すなわち申込みと承諾だけで、その瞬間に所有権は移転するという言い方をします。仮に1億円の土地であろうと100億円のビルであろうと、とにかく申込みと承諾が合致していると、特に条件・期限がなければ、その契約が有効に成立した瞬間に所有権が移るといいました。

▶▶▶第176条（物権の設定及び移転）
物権の設定及び移転は、当事者の意思表示のみによって、その効力を生ずる。

　このように、意思表示だけで物権が変動することを意思主義といいます。この点は、176条に規定されています。「物権の設定及び移転は、当事者の意思表示のみによって、その効力を生ずる」という条文です。すなわち、

意思表示だけで物権は移転する、ということが書いてあるわけです。この意思主義の対概念を形式主義といいます。この意思主義という言葉は、これから何度も違う意味で出てきます。法律を勉強しているうちに混乱してしまう原因のひとつは、法律の世界では、同じ言葉が違う意味で使われることが多いからです。意思主義などは3つくらい違った意味で使われます。とりあえず今の段階では、意思表示だけで所有権が移転する、すなわち、物権が変動することを物権の場面では意思主義とよぶ、ということを覚えておいてください。

(2) 所有権の移転時期

次に、契約を締結したその時点で所有権は移転するのでしょうか。意思主義を素直に適用すれば、契約だけで所有権が移転するのだから、契約時に所有権が移転すると考えることができます。判例はこういう立場です。判例・通説は、特別の約束をしていないかぎり、契約の時に所有権が移転するという考え方を採っています。

ただし、契約当事者の間で「代金をすべて支払った時に所有権が移転する」という特約をすることもできます。不動産などの高額な物の売買契約では、このような特約をすることが多いです。

(3) 対抗要件主義

さらに、対抗要件主義を説明しましょう。契約などによって取得した所有権を第三者に主張するための要件、これを対抗要件といいます。権利を主張するための要件のことです。たとえば、これは私の土地ですということを第三者に主張するために、一定の要件が必要になるのです。自分が所有者になったら、自分が所有者だということをまわりに主張するための要件、その要件を満たさないとまわりの人たちには自分が所有者だというこ

70……第2章　財産法

とを主張できないというものなのです。それはいったい何かというと、不動産の場合には登記という制度があり、不動産の対抗要件は登記、それに対して動産の対抗要件は引渡しです。不動産について、自分が所有者になりました、と他人に主張するためには、登記というものを備えなければなりません。それから動産については、たとえばこれは私が買った六法です、ということをまわりの人に主張するためには、その六法の引渡しを受けてないとだめです、ということになります。

　登記という制度はちょっとイメージをもちにくいかもしれませんが、帳簿みたいなものです。たとえば、ある土地があって、ある建物があるとします。この建物は誰の所有なのかということが帳簿に書いてあって、それが登記所という役所に保管されています。ですから、登記所に行ってその登記簿という帳簿を見ることによって、この建物は誰の所有なのかということを確認できる仕組みになっています。そして、その登記所に置かれている登記簿に所有者の名前を書く。それを、登記するとか登記を備えるとか、登記を移転するとかいいます。そういう登記簿に名前を記入しないと、この建物は私のものだと「第三者」には言えなくなってしまうということです。

　ところで、第三者とは誰のことをいうのでしょうか。とりあえず、契約当事者以外の者と思ってください。たとえば、土地を買ったときはその売主以外の人のことを第三者といいます。当事者というのは、契約をした相手方のことです。売買契約ならば、売買契約をした相手方以外の人をとりあえず第三者といいます。ですから、その契約をした売主以外の人に対して、ここは私が買った土地です、と主張するためには、この登記を備えないとだめだということになります。

　なぜ、登記が必要なのでしょうか。それは、所有権のような物権は目に見えないため、誰に所有権が帰属するのかを外から見てわかるように公に

キーワード 登記

不動産は重要な財産なので、その物権変動が対外的に認識できないと、取引の安全という観点から弊害が大きい。そこで、登記という公示手段を対抗要件としている。
登記に関する難問のひとつに登記請求権（登記権利者が登記義務者に登記申請に協力せよと請求する権利のこと）の法的性質をどうとらえるかという問題がある。従来の

Ⅳ　物権……71

示す必要があるからです。このことを公示といいます。なぜ、外から見て
わかるようにしておくのかというと、安心して不動産取引をするためです。
すなわち、公示制度としての対抗要件主義は、取引の安全のためにあるの
です。

　対抗要件主義について、もう少し詳しくみていきましょう。自分が所有
権を取得したとしても、自分が所有者であるということを第三者に対して
主張するためには、不動産ならば登記、動産ならば引渡しがなければなら
ないという考え方のことを対抗要件主義といいました。177条を引いてみ
てください。物権でもっとも大切な条文です。

　　▶▶▶第177条（不動産に関する物権の変動の対抗要件）
　　不動産に関する物権の得喪及び変更は、不動産登記法（平成16年
　　法律第123号）その他の登記に関する法律の定めるところに従い
　　その登記をしなければ、第三者に対抗することができない。

　177条をみますと、「不動産に関する物権の得喪及び変更は、不動産登記
法（平成16年法律第123号）その他の登記に関する法律の定めるところに従
いその登記をしなければ、第三者に対抗することができない」と書いてあ
ります。「その登記をしなければ、第三者に対抗することができない」、つ
まり登記をしないと第三者に対抗できない、主張できない、と書いてある
わけです。このように登記が不動産に関する対抗要件になります。

　　▶▶▶第178条（動産に関する物権の譲渡の対抗要件）
　　動産に関する物権の譲渡は、その動産の引渡しがなければ、第三
　　者に対抗することができない。

　次に、178条をみますと、「動産に関する物権の譲渡は、その動産の引渡
しがなければ、第三者に対抗することができない」というように、動産は

学説は、登記請求権の法的性質を一元的に説明しようとして苦心してきたが、最近で
は、あえてそのような一元的説明を与える必要はないとして、どのような場合に登記
請求権が認められるかを類型的に明らかにすべきだとの立場が有力である。

72……第2章　財産法

引渡しが対抗要件だということが出てきます。この２つの条文は、何度も何度も引いてほしい条文です。

(4) 不動産、動産の二重譲渡

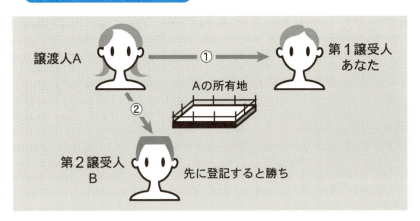

　さて、それが具体的にどういう場面で出てくるのだろうか、ということを上の図で説明しましょう。

　売主である譲渡人のAさんという人がいて、Aさんが第１譲受人のあなたに土地を売りました。Aが土地をまずあなたに売った。にもかかわらず、あなたが登記を備えないでいる。これはまだ登記がA名義のままなわけです。そのときに、売主のAはあなたにいったん売ったにもかかわらず同じ土地をBにも売る、ということをやってしまう。これを二重譲渡といいます。このように、２人に同じ１つの物を売ってしまうことが民法の世界ではできてしまうのです。１つの物を２人に売ってしまうなんて、そんなのちょっとひどい、ずるいじゃないか、と常識的にはそう思いますよね。でも、民法の世界ではそれが可能です。ですから、その譲渡人のAさんは、まずあなたに売って、その後同じ土地を別の人Bに売ってしまうというこ

> **キーワード　二重譲渡**
> たとえば、土地所有者が土地を譲渡した後、同じ土地を更に別の人に譲渡すること。土地を譲渡して無権利者になったはずの売主が、なぜ同じ土地を二重に譲渡することができるのか、の説明の仕方には、学説上さまざまな議論がなされている。有力説は、第１譲渡がなされても、登記がなされていない以上、譲受人は完全な所有権を取得す

Ⅳ　物権……73

とができてしまうのです。そして、両方からお金を受け取って、売主が逃げてしまったとしても、民法上はどちらの売買契約も有効となるのです。ただ、刑法の世界では横領罪という犯罪になります。ですから、民法で一応有効といわれても、それはあくまでも民法の世界の話だと思ってください。

　さて、土地を譲り受けた2人は、「私が買ったんですよ」とお互いに言いたいわけですが、そのときにあなたがBさんに対して「私が最初に買ったんですから、私の土地です」とその土地の所有権を主張するためには、先に登記を備えておかないといけません。逆に、Bさんのほうが、「2番目だけど、私が所有者なんです」と言いたければ、Bさんが先に登記を備えれば、それが言えてしまうわけです。ですから、Aがもっている土地があったとして、最初はA名義の土地になっているのですが、Aからあなたに第1譲渡がなされてすぐに、あなたは登記を備えればよかった、すなわち登記簿にあなたの名前を記入すればよかったわけですが、それをしないで登記をA名義で残しておいたものだから、次にBがAからその土地を買ってしまって、そしてすぐさまBが登記をB名義にしたとする。Bのほうが先に登記をしてしまうと、あなたはBさんに対して、「その土地、私が先に買ったんですよ。私が所有者ですよ」と所有権を主張することができなくなってしまい、逆にBさんのほうは、「自分はたしかに2番目だけど、所有権は私にあります」ということを第三者であるあなたに言えることになります。この第1譲受人と第2譲受人はまさに第三者の関係にあって、お互い相手に対しては登記を備えないと所有権を主張できないということになります。

　登記というのは1人の名前しか書けない。一番新しい人の名前がその登記名義人なのですから、Aさんのところに所有権があるということはA名義とそこに書いてあることになり、そして次に、AからBに土地が売られ、

るものではなく、譲渡人も不完全ながら所有権者であるから、第2譲受人が所有権を取得することができるのだ、と説明している（不完全物権変動説）。

74……第2章　財産法

Aの次にBの名が書いてあると、Bが先に登記を備えたということになります。Aの名前の次にあなたの名前がもし仮に書いてあれば、あなたが先に登記を備えたということになるわけです。ですから、先に登記を備えるということは、Aさんから譲り受けました、ということをその登記簿に先に記入するということで、どちらかが先に記入すればもう次の人は記入できなくなります。登記をするというのは「早い者勝ち」ですから、先に登記所に申請して記入してしまえばその人が勝つ、ということになります。このように不動産の二重譲渡がなされた場合には、先に登記を備えたほうが勝つ、ということを覚えておいてください。土地を買ったとしても、登記をしない、登記簿に名前を載せないで放っておくと、悪い奴に二重譲渡されてしまって、せっかく買って代金も払ったのに自分の物にならないということになるのです。

　それでは、動産の場合にはどうかというと、引渡しが対抗要件になります。たとえばコンビニに行って200円のサンドイッチを買おうと思って、「おじさん、このサンドイッチください」「ああ、いいよ」と言って売買契約が成立して、お金も200円払ったとします。ところがそこで、横に来た別のお客さんが「あ、そのサンドイッチください」といきなり言い出すわけです。そしておじさんが、なぜか「ああ、いいよ」とか言ってしまう。それが二重譲渡です。その新しいお客さんのほうが、後から来たのに先にそれをつかんで持って行ってしまったら、私は負ける、ということになるわけですね。先に引渡しを受けたほうが勝つわけです。

　さて、負けたほうはどうするのか。負けたほうはもちろん、その売主に文句がある。コンビニのおじさんに対して、それは契約違反じゃないか、というので、これは後で説明しますが債務不履行といって、契約を解除したり損害賠償の請求をしたり、そうした事後処理があります。サンドイッチぐらいだったら「200円返してよ」で済みますが、土地を二重譲渡してし

Ⅳ　物権……75

まったなんていう悪い奴はたいていどうするか。第1譲受人にまず売って1億円もらって、すぐさま第2譲受人に売ってまた1億円もらって、それから外国かどこかへ逃げてしまって見つからなくなる。悪いことをした人がわかっているのに、その人が実際にいない、見つからない、それからいたとしても、「お金は遊んで使っちゃったからもうないよ」と言って返してくれない。そのときの損害を誰が負担するのかというのが、実は民法の世界では一番問題になるのです。本来ならば、悪いことをやった人に責任追及すればいいじゃないかということになります。しかし、その人が見つからない場合や、その人にお金がなくて損害を賠償できない場合に、結局誰かが損害をかぶらなくてはいけないわけで、誰に損害をかぶせたらいいのか、それが実は民法の世界では一番難しい、すべての問題の根本にあることなのです。こんなふうに二重譲渡という場合、負けたほうは売主に損害賠償だとか、契約を解除して払ったお金を返してもらうというように、一応理屈の上では事後処理があるわけです。しかし、実際にはそれがなかなか難しいので、やはり先に登記を備えておかないと大変なことになるわけです。

(5) なぜ二重譲渡はできるのか

　そもそも二重譲渡はできるという前提でお話しましたが、でも理屈の上で何となく変な気がしませんか。売買契約の瞬間に所有権が移転するといっているわけですから、たとえばAが第1譲受人であるあなたに、一応、土地を譲渡すると、土地の所有権はあなたに移転していることになります。第1譲受人に売買契約の瞬間に所有権が移転しているはずです。次に第2譲渡をしたということですが、そのときAは理屈の上では所有者ではないはずです。いったんAから第1譲受人に所有権が移ってしまっているわけですから、もはやAのところには所有権はないはずなのです。自分のとこ

76……第2章　財産法

ろにない権利をどうして譲れるのか、ということは当然問題になるはずです。しかし、民法の世界ではそういうことができてしまうのです。変な話です。ですから、変なものなんだ、と思っていてください。これをすっきり割り切ろうと思うと、わけがわからなくなります。どうしてそんなことができるのだろう、というと、売買契約の時にたしかに所有権は移ってきていますが、その所有権は登記を備えるまでは第三者に主張できるような完全な所有権ではなく、したがって、いったん契約の時に所有権は移ったけれども、それは不完全な物権変動だったのだ、という説明をします。

　この、土地を譲渡して無権利者になったはずの売主がなぜ二重に譲渡できるのだろうか、という説明の仕方を、学説ではさまざまに議論しています。有力な立場は不完全物権変動説です。すなわち、所有権が移転しても、登記がなされていない譲受人は完全な所有権を取得するものではない。譲渡人も不完全ながら所有者であるから、第2譲受人が所有権を取得することができる、という説明の仕方をします。これは一応通説的な説明の仕方なのですが、ただこれも完璧ではありません。なぜ二重譲渡ができるのかというところ自体で大論文ができるぐらい、いろんな説が分かれています。それくらい決め手に欠けるところ、要するにしょうがないところなのです。ですから、頭の中では不完全物権変動というイメージだけもってもらえればいいのです。

　たとえば、最初にAからBに譲渡した、そしてAから更にCに譲渡した、という二重譲渡を考えてみましょう。理屈の上では、皆さんの頭の中ではAからBに譲渡したときに所有権はもう移ってしまっているのだから、Aは権利者でも所有者でもない。にもかかわらずCに譲渡できる、それがおかしいと思うわけです。でもそれがどうしておかしくないのかというと、AからBに所有権が移ったとはいっても、それは不完全な移転でしかないので、まだ半分くらいはAに所有権が残っているというイメージになりま

Ⅳ　物権……77

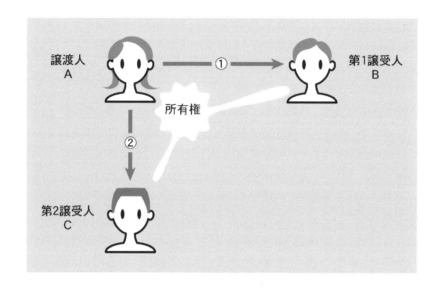

　す。そしてその残っているところでAはCにまだ譲渡ができますよ、ということです。Bが登記を備えないかぎりは、所有権は全部は移っていない、というイメージをもっていてください。

　ただ、そういうときでも頭の中で何か所有権の絵を書いてしまうとダメです。たとえば完全な所有権を○にして、AがBに売買すると上半分だけ残って下半分だけ移ってくるとか、そういう絵は描かないでください。もしそういう絵を描いてしまうと、AからBに下半分、またAからCに上半分を譲渡した段階で、もうAは無権利者になってしまいますが、実はAは3人目に三重譲渡も、4人目に四重譲渡もできますから、そういう説明は難しいのです。ちょっとそれは図にしにくいところなのですが、要するに所有権というのはそういうもやもやしたもので、人間が考えた観念上の存在にすぎないということです。姿形があるものではないですから、二重譲渡も三重譲渡もできてしまうのだということになります。

もし仮に絵でイメージするならば、所有権はもやもやとしたアメーバとか、やわらかいゴムのかたまりとして捉えてください。AからBへの第1譲渡で、所有権のかたまりの一部がびよーんとBのほうに伸びてきます。AからCへの第2譲渡で、更に所有権のかたまりの一部がびよーんとCのほうに伸びてきます。三重譲渡、四重譲渡がされた場合も、同じように所有権のかたまりの一部が伸びていくイメージです。そして、譲受人のだれかが登記を備えると、その人のもとに所有権のかたまりが引っ張られていって、他の譲受人のほうに伸びていた所有権のかたまりの一部がもっていかれてしまうわけです。伸びていたゴムがパチンと縮むイメージです。

(6) 第三者の善意・悪意

　さて、あなたはAから土地を購入する契約を締結した。ところが、その土地をどうしてもほしいと言っていたBがすでにあなたに土地が売却されているのを知りながら、売買契約を締結し、登記を具備してしまった。要するに第2譲受人のBさんが悪意だった場合です。第1譲渡があるということを知りながら、横から入ってきて横取りするようなものです。そんな悪意の第2譲受人も保護されてしまっていいのだろうか、ということが当然に問題になるわけです。

　判例・通説は、悪意の譲受人も「第三者」にあたる、保護される、と考えます。言い換えれば、善意・悪意は関係ないわけです。先に登記を備えたほうが勝つというだけで、善意であろうが悪意であろうが関係ないということになります。ということは、まさに横取りもできてしまうということです。Aはあの土地をあなたに1億円で売ったけれど、どうしてもあの土地がほしいから、交渉して1億2000万円で買ってしまおう、などとBが横取りしてしまうことが、実は民法の世界では認められているわけです。そしてそれは、「自由競争だから許される」という言い方がなされています。

> **キーワード　善意・悪意**
> 善意とは当該問題となっている事実を知らないこと。悪意とは知っていること。

Ⅳ　物権……79

このように、単に悪意であるだけでは第三者から排除されません。善意でも悪意でも先に登記さえ備えれば勝ってしまうことになるわけです。

ところがこれは、フェアな自由競争の中でやっているから許されるのであって、そういう自由競争を逸脱するとんでもない悪い奴まで保護すべきではありません。たとえば、Aからあなたに第1譲渡がなされた。1億円で土地を売ったことを知って、実は自分はそんな土地はほしくないのだけれど、あなたを困らせてやろうという思いだけで、Bが横取りしようと考えるわけです。こんなBのような第2譲受人は保護に値しないではないか、というわけで、こういうとんでもない悪い人のことを背信的悪意者という言い方をします。判例・通説も、単なる悪意を超えて、登記がないことを主張することが信義則に違反する者は、第三者から排除するという理論を認めています。これを背信的悪意者排除論といいます。

背信的悪意者というのはちょっとイメージがもちにくいかもしれませんが、要するに自由競争の範囲を逸脱するような、法的保護に値しないとんでもなく悪い人ぐらいのイメージをもっておいてください。第三者から排除されるというのもわかりにくいかもしれませんが、どういうことかというと、ここでいう第三者とは、こちらに登記がないかぎり所有権を主張できない第三者のことをいいます。第三者から排除されるということは、こちらに登記がなくても所有権をその第三者に対して主張できてしまうということです。要するに、背信的悪意者に対しては登記なくして所有権が主張できるということです。そういうわけで、第2譲受人が背信的悪意者であったような場合には、たとえ第2譲受人が先に登記を備えていても、第1譲受人は自分に登記がなくても第2譲受人に対し、「私が所有者です。こちらへ返してください」と言えることになります。背信的悪意者に対しては、登記なくして所有権の主張ができるということを知っておいてください。

80……第2章　財産法

94条2項の類推適用

Ａから不動産を買ったＢが、Ａの承諾を得て、所有権移転登記を自分の名義ではなく、所有権を移転するつもりもないＣ名義にしたところ、それをたまたま知ったＣがＸに当該不動産を売り渡して登記を移転しました。このような場合どうなるでしょうか。

登記簿に所有者と明記されている者から、不動産を購入したところ、実は、その登記は、不正に作出されたものであり、登記名義人には所有権はなかったという場合に、買主は、保護されないのでしょうか。

本文で述べたように、民法は、不動産の場合には登記に公信力は認めないという原則をとっています。登記を信頼したのになぜ？ と思うかもしれませんが、逆に登記を勝手に改ざんされてしまった真実の所有者の立場に立ってみれば、それもうなずけます。不動産のような価値の大きな財産については、真の権利者の保護を取引の安全よりも保護すべきであるという立場を民法は採っているのです。

しかし、それでは、不動産取引を安心してできないことになってしまいます。そこで、登記を信頼した者を保護する法理として、判例上、発展してきたのが94条2項の類推適用論です。

真の権利者自身が、虚偽の外形を作出している場合には、そこに真の所有者側の帰責性を見出し、その外形を信頼した者の信頼を保護しようとする法理です。

94条自体は、意思表示に関する規定であり、ここで問題になっているのは、意思表示ではなく、登記であるから、94条2項を類推適用することになります。

このように、94条2項が類推適用されるようになると、事実上不動産の登記に公信力が与えられるに近い結果となります。

最高裁（昭和29年8月20日）も、このような場合には、94条2項を類推適用することによって第三者Ｘの保護を図ることとしています。

Ⅳ　物権……81

(7) 物権変動のまとめ

　以上が物権変動の基本的な構造です。177条と178条、その条文の意味を覚えておきましょう。177条についていうと、具体的には、二重譲渡などのときに先に登記を備えた人のほうが勝つ。善意でも悪意でも、先に登記を備えれば勝ってしまいますが、もし先に登記を備えても背信的悪意者だった場合には負けてしまう、という構造になっています。

(8) 公信の原則

　これまでは、物権変動が生じても登記や引渡しなどの公示を備えないとその物権変動を第三者には対抗できないという話をしました。これを公示の原則といいます。

　それに対して、所有権の公示があるものだから物権変動がちゃんとあると思って、売主の所有権を信じたら、実は売主が無権利者であったという場合、その買主は保護されるでしょうか。たとえば、Aの所有地がなぜかB名義になっていたので、CがB所有だと信じて無権利者のBからその土地を買った場合、Cは保護されるかということです。このとき、Cの取引の安全を保護すべきという見地からはCを保護したいのですが、民法は原則としてこのような場合Cを保護していません。すなわち不動産の公示たる登記を信じたとしても保護されないのです。これを不動産には公信の原則が適用されないといいます。

　これに対して、動産の場合は、A所有の宝石をBが引渡しを受けていて占有しているときに、Cがその宝石をB所有と信じて無権利者のBから買ってしまった場合、Cが善意無過失なら保護されることになっています。これを即時取得といいます。192条の制度です。

82……第2章　財産法

▶▶▶第192条（即時取得）

取引行為によって、平穏に、かつ、公然と動産の占有を始めた者
は、善意であり、かつ、過失がないときは、即時にその動産につ
いて行使する権利を取得する。

　192条を見てみると、動産の場合には、引渡しという公示を信じた者を保
護する公信の原則が認められているのです。動産の場合は、引渡しという
公示が不十分なので取引安全の見地から特に公信の原則を認めたわけです。

　このように不動産には公信の原則は認められないが、動産には公信の原
則が認められることを知っておきましょう。

❸占有権・所有権

（1）占有権・所有権とは

さて、次に占有権、所有権です。

　今まで念頭においていた所有権などの占有権以外の物権は、物を実際に
支配しているかとは関係なしに存在する権利で、いわば物に対する現実の
支配の背後にある権利でした。これに対して、物の現実の支配に基づいて
認められる権利が占有権です。「現実の支配」は「事実上の支配」という言
葉におき換えることもできます。

　これに対して、所有権は、自由に使用・収益・処分できる権利のことを
いいます。全面的な支配権といってしまってもいいのですが、ただ、そう
はいってもまったく好き勝手なことができるというわけではありません。
公共の福祉に反しないかぎり、ということです。公共の福祉の制限を受け
るというのは、憲法で習ったとおりです。自分の所有の土地なのだからど
んな建物を建ててもいいじゃない、というわけにはいきません。

Ⅳ　物権……83

(2) 物権的請求権

▶▶▶第206条（所有権の内容）

所有者は、法令の制限内において、自由にその所有物の使用、収益及び処分をする権利を有する。

　さて、今度は、所有権をもっていると何が言えるのだろうということです。所有権をもっていれば、自分の土地ですから、使用・収益・処分、これは自由にできます。206条に書いてあるから当然のことなのですが、次のケースを考えてください。あなたは土地をもっています。ところが、Aという人がテントを張って、その土地を不法に占拠している。あなたはAに何が言えるでしょうか。せっかく土地を買ったのだけれども、実際その現場に行ってみたら知らない人がテントを張って住んでいる。あるいは段ボールの家がそこにある。そのテントなり段ボールなりの家に対して、「すみません、そこ私の土地なんです。出ていってください」というふうに、普通は言いたいわけですが、さて、それはどういう根拠に基づいて言えるのでしょうか。

　なぜそんなことが問題になるのか、自分の土地を不法占拠している奴がいるのだから「出ていけ」と言えるのは当たり前じゃないか、と思うかもしれませんが、決して当たり前ではないのです。なぜなのかというと、自分の土地というのは、自分が所有権をもっている土地だということです。それで、所有権という物権はどういう権利だったか。これはあくまでも物に対する権利です。今、自分はそこに不法占拠している「人」に対して、「出ていけ」と言いたいわけですが、「人」に対して「出ていけ」と言うためには、「人」に対する権利、すなわち債権がなくてはいけないのではないか、という話になってくるわけです。

　ところが、そこに不法占拠している人との間に、債権が発生するような

キーワード 物権的請求権

物権的請求権には、侵害の態様によって、返還請求権・妨害排除請求権・妨害予防請求権の３つの類型がある。返還請求権とは、所有権者が占有を奪われている場合に、物を返還するよう請求する権利である。妨害排除請求権とは、所有権の行使が占有以外の方法によって権限なく妨害されている場合に、その妨害を排除するように請求す

84……第2章　財産法

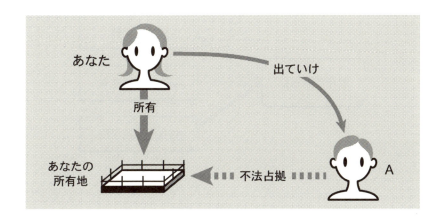

ものがあるかというと、まず契約はしていない。事務管理でもない。それで、不当利得や不法行為はあるかもしれない。しかし、この不当利得や不法行為というのは、こちらの損害を賠償しろというだけのものです。たとえば不法占拠していることによって相手方はそこをただで使っているわけですから、ただで使っているのは困るから1日1000円払ってよ、というのが不当利得なり不法行為になるわけです。でも、ここに「出ていけ」と言う債権はないのです。民法の条文の不当利得にも事務管理にも不法行為にも、「出ていけ」と言える債権が発生するとはどこにも書いてありません。したがって、民法の今まで習った原則だけでは、物権は物に対する権利、そして債権は人に対する権利だけれども、「出ていけ」と言える債権が当然に発生するわけではないから、何も言えないことになります。

　そこで、そのまま放っておいたのでは所有権をもっていることの意味がなくなりますから、所有権という物権であるにもかかわらず、「出ていけ」という、人に対する請求権が認められるとするのです。これを「物権的請求権」とよんでいます。すなわち、物権に基づいて人に請求ができるわけです。請求権という人に対する権利は、本来、債権から生ずるものである

る権利である。妨害予防請求権とは、所有権侵害のおそれがある場合に、その侵害を防止するための措置を求める権利である。

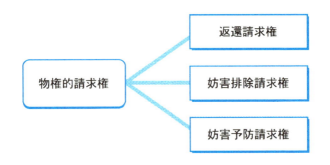

ところ、物権から請求権を導こうとするわけですから、それ自体、実はおかしいのです。しかし、これを認めなければ不法占拠者を追い出すこともできなくなり、所有権を認める意味がなくなるので、認めざるをえないというものです。ただ、この物権的請求権は、明確な条文はなく、解釈で当然に認められるといわれています。

　そして、物権的請求権は3種類に分けて考えるのが一般的です。返還請求権、妨害排除請求権、妨害予防請求権の3つです。それぞれのイメージですが、返還請求権、これはもっていかれてしまったものを「返してくれ」という権利です。それから妨害排除請求権というのは、自分の土地に勝手に置かれている粗大ごみなどを「どかせ」というように、妨害を排除するものです。要するに、返還請求権が他人の占有によって物権が侵害されている場合であるのに対し、妨害排除請求権は他人の占有以外の方法によって物権が侵害されている場合です。次に、妨害予防請求権というのは、将来妨害されそうなのでそれをあらかじめ予防するものです。たとえば、隣の家が倒れてきそうなときや、家は倒れてこなくても隣の家の庭の木が傾いて倒れてきそうなときに、倒れてこないように何か手を打ってくださいと請求する、そういうものが妨害予防請求権です。

　今は所有権から物権的請求権が出てくるという説明をしましたが、その

物権的請求権という言葉からわかるように、すべての物権には物権的請求
権というものが認められます。たとえば、地上権という物権がある。する
とその地上権という物権に基づいて、やはり返還請求、妨害排除請求とか、
妨害予防請求とかが出てきます。

所有権と著作権

　ある画家Ａが絵画甲を作成し、それをＢに売却したとします。Ｂには絵画甲の所有権がありますから、もし第三者Ｃが絵画甲を盗んだ場合、ＢはＣに対して所有権に基づいて絵画甲を返還するよう請求することができます。前述のように、所有権は目的物を現実に支配する権利です。そして、他人の物を盗む行為はまさにその物を現実に支配する権利を侵害する行為といえるからです。

　しかし、仮に第三者であるＣが絵画甲の模倣品である絵画乙を無断で作成していた場合、ＢはＣに対して所有権に基づいて絵画乙の作成をやめるように請求することはできません。Ｃは絵画甲を模倣したにすぎず、絵画甲そのものは現状のままＢのもとにあるので、絵画甲の所有権を侵害したとはいえないからです。

　絵画甲を模倣して絵画乙を作成する行為は、いわゆる盗作であり、絵画甲の無体物としての側面（著作権）を侵害する行為といえます。このように無体物としての側面を侵害する行為は、著作権に基づいて排除するべき行為であり、所有権に基づいて排除するべき行為ではないのです。

　このように、所有権は目的物の有体物としての側面を排他的に支配する権利であるのに対し、著作権は目的物の無体物としての側面を排他的に支配する権利といえます。したがって、両権利に基づいてすることができる請求の内容は異なるものとなるのです。

Ⅳ　物権……87

❹用益物権

> ▶▶▶**第265条（地上権の内容）**
> 地上権者は、他人の土地において工作物又は竹木を所有するため、その土地を使用する権利を有する。
> ▶▶▶**第270条（永小作権の内容）**
> 永小作人は、小作料を支払って他人の土地において耕作又は牧畜をする権利を有する。
> ▶▶▶**第280条（地役権の内容）**
> 地役権者は、設定行為で定めた目的に従い、他人の土地を自己の土地の便益に供する権利を有する。ただし、第3章第1節（所有権の限界）の規定（公の秩序に関するものに限る。）に違反しないものでなければならない。

　さて、次に用益物権です。用益物権という権利は、目的物の使用・収益を内容とする権利です。つまり、目的物を自由に処分することはできません。地上権（265条）、永小作権（270条）、地役権（280条）、入会権（263条、294条）の4つがあります。

　まず地上権です。265条で「地上権者は、他人の土地において工作物又は竹木を所有するため、その土地を使用する権利を有する」と書いてあります。工作物の典型的なものは建物です。建物だとか、竹木、樹木を所有するために他人の土地を使わせてもらう、そういう権利のことを地上権とよぶのです。ところで、他人の土地を使わせてもらう典型的な権利に賃借権があります。土地を借りる権利ですが、これは実は債権です。これに対して、他人の土地を使わせてもらう物権が地上権で、建物を建てるために土地を使わせてもらうという物権を設定してしまうものです。この地上権と賃借権は、ほとんど同じような役割を果たす場合があります。ちなみに、

88……第2章　財産法

建物を所有する目的で設定された地上権または土地賃借権のことを借地権とよびます。借地権の中味は地上権の場合と賃借権の場合があるのです。

それから270条では永小作権というのが出てきます。「永小作人は、小作料を支払って他人の土地において耕作又は牧畜をする権利を有する」。つまり、田や畑を作ったり、または牛を飼ったりするために他人の土地を使わせてもらうという物権のことを永小作権といいます。

それから280条は地役権です。「地役権者は、設定行為で定めた目的に従い、他人の土地を自己の土地の便益に供する権利を有する」。わかりにくい規定ですが、つまり、自分の土地の価値があがるような形で、他人の土地を使うことができる権利です。たとえば、道路から奥まった場所に自分の土地があるとします。この土地から道路に出るためには他人の土地の上を通ったほうが便利なので、自分の土地のために隣接した土地を通行させてもらうという地役権を設定してもらうわけです。そのように通行地役権を設定する、などということをします。

最後に入会権です。これはほとんど今では問題になりませんが、たとえば農村に牧草地などがあり、村人たちがこれをみんなで所有し、共同で利用することができるような権利です。

以上の４つを用益物権といいます。これらは全部、不動産に対する権利、土地を使う権利です。

ここまでが物権の話です。所有権、占有権、それから最後の用益物権という分類。それから、物権には、物権的請求権というものが生じる、ということ。そして物権変動のためには登記や引渡しなどの公示が必要になる、というおおまかな骨組みを理解しておいてください。

Ⅳ　物権……89

理解度クイズ④

1 物権の客体に関して正しくないものはどれか。

　① 物権の客体は有体物である

　② 不動産と動産がある

　③ 土地と建物は独立の不動産である

　④ 樹木は土地と切り離されても不動産である

2 あなたが土地を購入した場合、これを備えなければ他人のものになってしまう可能性がある。それはどれか。

　① 登録

　② 登記

　③ 権利証

3 不動産の二重譲渡でたとえ第2譲受人が登記を備えても第1譲受人に負けてしまう場合があるが、このような第2譲受人のことを何というか。

　① 背理的悪意者

　② 背徳的悪意者

　③ 背信的悪意者

4 民法176条は「物権の設定及び移転は、当事者の意思表示のみによって、その効力を生ずる」と規定しているが、これを何主義というか。

　① 形式主義

　② 対抗要件主義

　③ 意思主義

90……第2章　財産法

5　あなたの所有する山林にI君は勝手に山小屋を建てて住んでいる。
　　この時、あなたの主張する権利として適切でないものはどれか。

　　①　物権的返還請求権

　　②　登記請求権

　　③　不法行為に基づく損害賠償請求権

6　自分の土地の価値があがるような形で、他人の土地を使う場合、設
　　定する物権とはどれか。

　　①　賃借権

　　②　地上権

　　③　地役権

※解答は巻末

Ⅴ　債権の発生から満足して消滅するまで

❶契約による債権の発生

　今度は、売買契約の時に債権が発生するという話に戻ります。売買契約をすると、代金債権や引渡債権といった債権が発生します。その発生した債権・債務がどういう形になって進んでいくか、問題が生じるとどうなるのか、それがこれからの話です。

　まず債権の発生です。特定の人が特定の相手方に対して行為を請求する権利のことを債権といいました。どこにポイントがあるのかというと、特定の人、つまりある人からある人に対して一定の行為を要求する権利が債権なのだということです。この債権の典型的な発生原因が契約ですが、この契約には、たとえば本屋で本を買うという売買契約、アパートを借りるという賃貸借契約、私鉄などを利用する運送契約など、いろいろな種類があります。

（1）契約の種類

　民法の条文では13種類の契約が定められています。このように、民法に規定されている契約のことを典型契約といいます。これに対して、民法に規定のない契約のことを非典型契約といいます。また、民法の条文に書いてある契約は一応名前がついているので、有名契約とよぶこともあります。これに対して、条文になくて名前がない契約は無名契約です。典型契約・非典型契約とまったく同じことを有名契約・無名契約とよぶこともあるということです。

　ところで、民法に規定のない契約など認められるのだろうか、ということですが、これは私的自治の原則のもと、自由に契約を結ぶことができま

キーワード 契約

たとえば、本屋で本を買う売買契約、アパートを借りて住む賃貸借契約、JRや私鉄を利用する運送契約などがある。民法上、贈与契約、売買契約、賃貸借契約などが規定されている。民法に規定されている契約を典型契約、規定のない契約を非典型契約という。契約を定義するなら、契約とは、2人以上の人が、少なくとも形式上対立する

92……第2章　財産法

すから認められます。条文に何も書いていなくても、自由に好きな契約を結ぶことができるということです。ただ、法律に違反するような契約だとか、あまりにも常識外れの公序良俗に違反するような契約だとか、そのようなものは認められません。しかし、その一定の制限に反しないかぎりは原則として契約は自由に締結できるということになっているのです。

　そして、さまざまな契約を分類してみると、典型契約・非典型契約という分類のほかに別の分類で双務契約・片務契約という分類と有償契約・無償契約という分類があります。双務契約というのは、当事者が互いに対価関係に立つ債務を負担する契約のことです。たとえば、売買契約というのは売主のほうは物を引き渡す債務を負担し、買主のほうは代金を払う債務を負担する。お互いが債務を負担します。そして、代金の支払債務と物の引渡債務は、対価的な関係に立っています。これが典型的な双務契約で、売買契約や賃貸借契約がそうです。それに対して、一方だけが債務を負担するようなものを片務契約といいます。たとえば、物をあげます、という贈与契約の場合、これはあげる人だけが債務を負担しますから、片務契約の典型例ということになります。

　もうひとつ、有償・無償という言葉が出てきました。これも似たような話ですが、着目のポイントが違います。当事者が相互に対価関係に立つような、経済的損失をする契約のことを有償契約といいます。他方、一方だけが負担をするような契約を無償契約といいます。たとえば、売買や賃貸借は有償契約です。これに対して、贈与契約は、贈与する側だけが負担、いわば損をしてしまうことになりますから、これは無償契約になります。このようにほとんどの双務契約は有償契約です。また、ほとんどの片務契約は無償契約だと思ってかまいません。これらは基本的には対応関係にあると思っていいので、若干例外がありますが、今は気にしないでください。たいてい双務契約は有償、片務契約ならば無償契約だと頭の中でイメージ

立場に立って、一方が「売る」他方が「買う」というような形において、相互に意思を表示しあい、かつ、これらの意思を一致させることにより、彼ら相互間に権利・義務を発生させる合意である、ということができよう。

Ⅴ　債権の発生から満足して消滅するまで……93

がもてればそれでいいです。

(2) 売買契約の場合

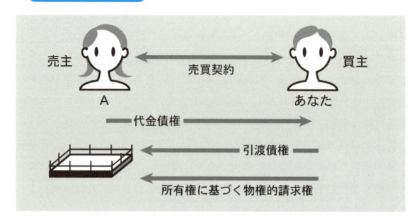

　それでは、典型的な売買契約を例に債権の発生についてみていきましょう。

　たとえば、土地の売買契約からは、売主から買主に対する代金債権と、買主から売主に対する土地の引渡債権が発生します。この契約と同時に所有権が観念的に売主から買主に移転していましたが、このように売買契約からは債権の発生と所有権の移転が同時に行われます。そして買主は、債権として土地の引渡請求権（債権的引渡請求権）と、所有権に基づく物権的請求権としての引渡請求権と、2つの引渡請求権をもっているということになります。もう少し詳しくみてみましょう。

　売買契約をすると代金債権と引渡債権が発生します。この引渡債権というのは、売主Aに対して、土地の占有を引き渡せという債権です。所有権は契約と同時にもうあなたのほうに観念的に移転してしまっているから、土地の占有を引き渡せというのが、この引渡債権の内容になります。ただ、

キーワード　双務契約
当事者が互いに対価関係に立つ債務を負担する契約（⇔片務契約）

土地だから、実際に動かすわけにはいきませんので、土地に入らせろとか、土地に住まわせろとか、そういうことです。建物を引き渡せといった場合も、現実にはカギを引き渡せということにほかなりません。そんなふうに目的物の占有を引き渡せというのがこの債権の内容です。そして、こちらに引き渡せというのは、引渡債権として「こちらによこせ」とまず言えるのですが、実は自分は所有者になったわけですから、所有権に基づいて「こちらに引き渡せ」とも言えるのです。これは所有権に基づく物権的請求です。売主がその土地に住み着いてしまっている場合には、所有権に基づく物権的請求権として、「私の土地だからもうどいてよ」と言うことができます。それは、他人の占有によって物権（所有権）が侵害されている場合なので、所有権に基づく返還請求です。このように売買契約をした買主というのは、債権的な請求と、物権的な請求の2本立ての請求ができるということになっているわけです。そしてどちらを行使するのかは勝手、自由だということになっています。

▶▶▶第166条（債権等の消滅時効）
①債権は、次に掲げる場合には、時効によって消滅する。
一　債権者が権利を行使することができることを知った時から5年間行使しないとき。
二　権利を行使することができる時から10年間行使しないとき。
②　債権又は所有権以外の財産権は、権利を行使することができる時から20年間行使しないときは、時効によって消滅する。
③　前二項の規定は、始期付権利又は停止条件付権利の目的物を占有する第三者のために、その占有の開始の時から取得時効が進行することを妨げない。ただし、権利者は、その時効を更新するため、いつでも占有者の承認を求めることができる。

　ところで、実は消滅時効という制度があって、債権は原則として10年で

キーワード 有償契約
当事者が相互に対価関係に立つような経済的損失をする契約（⇔無償契約）

Ⅴ　債権の発生から満足して消滅するまで……95

時効にかかって消えてしまいます。売買代金債権であろうが、引渡債権であろうが、およそ債権というのは10年で消えてなくなってしまいます。時が経過すると消滅してしまうことを消滅時効というわけです。166条1項2号に、「権利を行使することができる時から10年間行使しないとき」に債権が時効によって消滅すると書いてあります。たとえ債権をもっていても、権利を行使できる時から10年間、相手に請求しないで放っておくと消えてしまうわけです。ところが、所有権に基づく物権的請求権は時効にかかりません。166条2項には「債権又は所有権以外の財産権は、権利を行使することができる時から20年間行使しないときは、時効によって消滅する」と書いてあります。ここで債権と所有権以外の財産権は20年で時効にかかるということは、所有権について消滅時効を規定した条文がない以上、所有権は消滅時効にかからないということです。ですから、債権的請求権と物権的請求権で2本立てになっているけれども、その実益は10年以上経ったときに出てきます。要するに、債権が消滅時効にかかってしまった後でも物権的請求権は残っているというところで、2本立てにしておく意味があることになります。

　契約により、債権というものが発生する。それから所有権が移転する。所有権が移転することによって、そこでは物権的請求権というものも認められる、というわけです。

❷同時履行の抗弁

▶▶▶第533条（同時履行の抗弁）
双務契約の当事者の一方は、相手方がその債務の履行（債務の履行に代わる損害賠償の債務の履行を含む。）を提供するまでは、自己の債務の履行を拒むことができる。ただし、相手方の債務が弁済期にないときは、この限りでない。

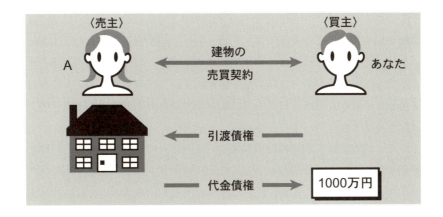

　次に同時履行の抗弁です。これはそんなに難しいものではありませんが、売買契約などをしたときに代金債権と引渡債権の2つが発生するといいました。その2つの債権の関係が、「同時に履行する」というものです。

　これはきわめて常識的な事柄なのですが、たとえば建物を1000万円で買った。そのときに、「1000万円すぐに払ってよ」と言われたら、「わかった、1000万円すぐに払うけれども、それは建物の引渡しと交換にだよ」ということが言えるわけです。それからまた逆に、「早く建物を引き渡してくださいよ」と言われた。そんなとき、言われたほうは「代金を払ってもらうまでは建物は渡さないよ」ということが言える。これを同時履行の抗弁といいます。

　抗弁権というのは、相手の要求を拒否できる権利のことです。相手が請求してきたときに、それを拒否できるという意味で「同時でないと嫌だ」と拒否できる。これを同時履行の抗弁といいます。「同時履行」の「履行」というのは、約束を果たす、ぐらいの意味に思っておいてください。たとえば代金債権を履行するというと、それは代金を支払うこと、引渡債権を履行するというと、それは引渡しをすることを意味します。この履行とま

V　債権の発生から満足して消滅するまで……97

ったく同じ意味で、「弁済」という言葉があります。代金を支払うこと、目的物を引き渡すことが弁済です。弁済というとお金を支払うというイメージをもつかもしれませんが、そうではありません。たとえば私が講義をすることも、受講生の皆さんに対して負担している講義をするという債務を弁済しているわけです。ですから、履行や弁済というのは約束どおりのことをすることだと思ってください。

さて、このように同時履行の抗弁というのは、同時に履行する、同時に約束を果たす、という反論ができることをいいます。この趣旨は「公平」です。これを規定したのが533条で、「双務契約の当事者の一方は、相手方がその債務の履行を提供するまでは、自己の債務の履行を拒むことができる」とあります。「相手方がその債務の履行を提供するまで、自分の履行を拒むことができる」、これを同時履行の抗弁権とよんでいくということです。

なお、533条の頭に「双務契約」というのがありますが、同時履行の抗弁権というのは双務契約のときに初めて問題となります。お互いに債務を負担しているから、相手方に履行してくれるまではこちらの債務は支払わないでいい、履行しない、ということになります。双務契約でなければ意味がないわけであって、贈与契約のときに同時履行といっても受贈者には同時にすべきことが何もないわけですから、同時履行の抗弁は双務契約の場合にのみ問題となるということになります。

❸債権の消滅原因

次に、債権が消滅する原因を考えてみましょう。

（1）弁済

債権はまず、弁済によって目的を達成して消滅します（473条）。代金債

キーワード 弁済
債務の本旨に従った給付をなすことで、履行と同じ意味である。これによって、債権はその目的を達成して消滅する。債権の消滅原因としては、弁済のほかに、代物弁済、供託、相殺、更改、免除、混同などがある。このうちで、更改、免除、混同はやや重要性が低い。

98……第2章　財産法

権ならその代金の支払いがあることによって消滅するのです。これによって債権者は満足します。もっともノーマルな債権の消滅原因です。

(2) 第三者弁済

債務者が債権者に弁済して初めて債務は消滅します。ところが、債務者が弁済するのではなくて、代わりの人が立て替え払いをしてくれるという場面もあります。それが第三者弁済という概念です（474条）。

窮状を見かねて友人が代わりに借金を支払ってくれた。立て替え払いをしてくれた、というふうに第三者が弁済をすることもできるのです。ただ、この第三者弁済というのは、無条件にできるわけではありません。たとえば、私が講義をしているのは、受講生の皆さんに対して弁済をしているのですが、伊藤先生の代わりに私がしゃべりましょう、などといって、まったく関係のない第三者がしゃべり始めて、「私は第三者弁済をしています」と言われても受講生の皆さんが困るわけです。ですから、その第三者弁済というのは誰でもできるわけではないし、一定の要件が必要だということになるのですが、ここでは第三者でも弁済できる場合があるということを知っておくだけで十分です。

(3) 受領権者としての外観を有する者に対する弁済

▶ ▶ ▶第478条
（受領権者としての外観を有する者に対する弁済）
受領権者（債権者及び法令の規定又は当事者の意思表示によって弁済を受領する権限を付与された第三者をいう。以下同じ。）以外の者であって取引上の社会通念に照らして受領権者としての外観を有するものに対してした弁済は、その弁済をした者が善意であり、かつ、過失がなかったときに限り、その効力を有する。

V 債権の発生から満足して消滅するまで……99

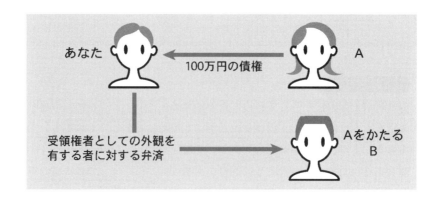

　さて、弁済を受け取る側というのは本来これは債権者であるはずです。お金を貸した債権者、売買代金ならば売主…というふうに、本来なら債権者がお金を受け取るはずです。ところが、債権者ではない人が間違って弁済を受け取ってしまった、などということもありうるわけです。それが「受領権者としての外観を有する者に対する弁済」という話です。

　たとえば、あなたがAに対し100万円の債務を負っていたところ、期日にBがAの名前をかたって支払いをするよう請求してきた。あなたはBのことをAだと信じ切って、100万円を支払ってしまった、という場面です。

　このような場面は普通ないな、と思うかもしれませんけれど、たとえば銀行の預金ではたまにこういうことがあります。預金通帳と印鑑を泥棒に盗まれてしまい、盗んだ泥棒はすぐにその通帳と印鑑を持って銀行にかけ込み、お金を引き出してしまうわけです。そうすると、銀行の係の人は、通帳と印鑑を持ってきた人にはお金を払ってしまいます。それはどういうことかというと、その人は泥棒ですから、本来は銀行に対して債権などないわけです。ところで、銀行に貯金をしているということは、銀行に対して債権があるということを意味しています。預けている側が債権者であっ

て、たとえば定期預金なんかは、期日になったら返してくれという債権が
あるわけだし、普通預金ならば請求したとき、いつでもすぐに払戻しをし
てくれという債権なわけです。さて、泥棒が盗んだ通帳と印鑑を持って銀
行へ行き、銀行から払戻しを受けてしまった。これは、銀行という債務者
が債権者以外に弁済をしたことになります。そのときに弁済が無効だとい
うことになると、どういうことになるのか。銀行は真の債権者にもう1回
払わなくてはいけません。すなわち、二重弁済を強いられることになるわ
けです。

　しかし、そのようなことになったら、銀行としては大変なことです。通
帳と印鑑を持って来た人に印鑑を照合して払っているのですから、それに
もかかわらず二重弁済を強いられるというのでは、銀行としてはたまった
ものではありません。ですから、そのときの弁済は有効にしてしまおうと
いう制度、それが受領権者としての外観を有する者に対する弁済という制
度です。

　債務の弁済は債権者に対して行うのが原則で、債権者以外の第三者に対
して弁済しても、弁済はやはり無効なのが原則になります。ただ、債権者
以外の者に弁済しても有効となる場合があります。これには478条という
条文があり、これを「受領権者としての外観を有する者に対する弁済」と
よんでいるのです。

　478条には、「受領権者……以外の者であって取引上の社会通念に照らし
て受領権者としての外観を有するものに対してした弁済は、その弁済をし
た者が善意であり、かつ、過失がなかったときに限り、その効力を有する」
と書いてあります。受領権者とは、債権者および法令の規定または当事者
の意思表示によって弁済を受領する権限を付与された第三者のことをいい
ます。要するに、債権者などの弁済を受ける権限のある人のことです。そ
のように債権者らしいふりをしている人に対して善意で払ってしまった。

Ⅴ　債権の発生から満足して消滅するまで……101

しかも、その人を債権者だと思ってしまったことについて過失がなかった場合には、債務者はもう払わなくてよくなる、免責されるという条文です。

今までのところをまとめると、要するに債務の弁済というのは債務者が債権者にしなければいけないのが原則だけれども、例外として債務者以外の第三者が弁済することもあるし、逆に債権者以外の人に払っても有効になるということも場合によってはある、ということを知っておいてほしいということです。

(4) 代物弁済

▶▶▶第482条（代物弁済）
弁済をすることができる者（以下「弁済者」という。）が、債権者との間で、債務者の負担した給付に代えて他の給付をすることにより債務を消滅させる旨の契約をした場合において、その弁済者が当該他の給付をしたときは、その給付は、弁済と同一の効力を有する。

弁済以外の債権の消滅原因として代物弁済、相殺などがありますが、まず代物弁済からみていきましょう。たとえば、あなたに100万円の借金をしているＡが、現金は一銭ももっていないが、100万円の車をもっているとします。

債権者であるあなたとすれば、債権をお金で支払ってくれないのであれば、車で支払ってもらおうと考えることでしょう。そこで、あなたとＡとの間で債務を車で弁済するという合意が成立し、車の引渡しがなされれば、弁済がなされたのと同じ効果が生じる、これが代物弁済という制度です。文字どおり、代わりの物で弁済にあてるということです。ですが、この代物弁済というのは、代わりの物で弁済をしたことにしてしまうわけですから、当然債権者のほうが納得していないとダメです。ですから、「しょうが

キーワード 代物弁済
債務者が、債権者と契約して、負担していた給付に代えて他の給付をすること。

102……第2章　財産法

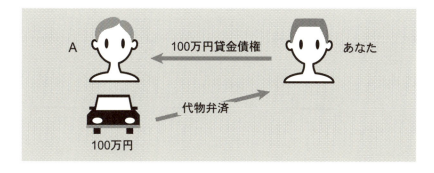

ないな、現金で支払えないのであれば、この車でいいです」とか、お互い納得済みで代物弁済を行うことになります。代物弁済は482条に出てきます。「弁済をすることができる者……が、債権者との間で、債務者の負担した給付に代えて他の給付をすることにより債務を消滅させる旨の契約をした場合において、その弁済者が当該他の給付をしたときは、その給付は、弁済と同一の効力を有する」と書いてあります。つまり、他の物を渡すことで弁済と同じにしていいという合意をして、その合意どおりに他の物を渡すことで債務を消滅させるのが、代物弁済です。

(5) 相殺

▶▶▶第505条（相殺の要件等）
①二人が互いに同種の目的を有する債務を負担する場合において、双方の債務が弁済期にあるときは、各債務者は、その対当額について相殺によってその債務を免れることができる。ただし、債務の性質がこれを許さないときは、この限りでない。
②前項の規定にかかわらず、当事者が相殺を禁止し、又は制限する旨の意思表示をした場合には、その意思表示は、第三者がこれを知り、又は重大な過失によって知らなかったときに限り、その第三者に対抗することができる。

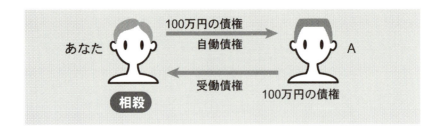

　次に相殺です。たとえば、あなたがAに対して100万円の債権をもっており、Aはあなたに対して100万円の債権をもっており、お互い債権をもちあっている。そのようなときには、100万円の債権をお互いになしにしましょう、という話になることがあります。たとえば、友達に1万円を貸した。そして別の時にその友達から1万円を借りた。そこで、「そういえば、前にお前に1万円貸してたよな。この前の1万円とチャラにしよう」ということがあります。これを相殺というわけです。これも重要な債権の消滅原因です。

　さて、このときに、あなたが相殺するとして、あなたがAさんに対してもっている債権のことを自働債権といいます。相殺する側のもっている債権を自働債権といいます。それから相殺される側のもっている債権を受働債権といいます。さて、上の図をみてください。あなたがAさんに対して相殺をするとします。このとき、上の矢印の100万円の債権が自働債権、受働債権はAがあなたに対してもっている下の矢印の債権ということになるわけです。ところが、逆にAが相殺すると言った場合は、自働債権は、今度は逆転するわけです。Aが相殺する場合の自働債権は下の矢印の100万円の債権、受働債権は上の矢印の100万円の債権になります。こんなふうにどちらが相殺するかによって、自働債権と受働債権とが入れ替わりますから、そこは注意しておいてください。

キーワード 相殺

相殺する側の有する債権を自働債権、される側の有する債権を受働債権という。相殺の要件は、両債務について積極的に必要とされる一定の事情（相殺適状という）と、相殺が認められない一定の場合（相殺禁止事由）とに分類するのが通常である。相殺適状としては、a.「二人が互いに」債務を負担すること（505条1項本文）、b.両債務が「同種

ところで、相殺をするということは、具体的にはどういう意味をもっているのでしょうか。相殺するということは、経済的にみて自働債権について一方的に履行を強制するのと同じことなのです。一方的な債権の回収をしたのと同じことになります。あなたがＡさんに対して相殺する。そのときに、あなたは、自働債権である100万円を回収して満足したのと同じ経済的効果を得ることができます。ですから、自働債権については、一方的意思表示で履行を強制して、債権を回収したのと同じ意味をもつことになります。これが自働債権の側の相殺の意味です。

　それに対して、受働債権についてはどういう意味をもつか。相殺をするということは、受働債権については任意に弁済したのと同じ意味をもつことになります。この２つを同時にやるのが相殺というわけです。要するに、相手からお金を受け取り、そのお金ですぐ相手に払ったというのと同じ効果が得られるということです。

の目的」を有すること（同）、c.両債務が弁済期にあること（同）、d.両債務が性質上相殺を許さないものではないこと（505条1項ただし書）、が要求される。相殺禁止事由としては、e.当事者の反対の意思表示（505条２項）、f.受働債権が悪意による不法行為等から生じた場合（509条）、g.受働債権が支払いを差し止められた場合（511条）、h.自働債権に抗弁権が付いている場合、i.自働債権が差し押さえられた場合、がある。

Ⅴ　債権の発生から満足して消滅するまで……105

理解度クイズ⑤

1 債権とは何か。

① 目的物の使用収益を内容とする権利

② 特定人がすべての人に対して行為を要求する権利

③ すべての人が特定人に対して行為を要求する権利

④ 特定人が特定人に対して行為を要求する権利

2 次の組み合わせで正しいものはものはどれか。

① 双務契約──贈与契約

② 無償契約──賃貸借契約

③ 有償契約──売買契約

④ 片務契約──売買契約

3 民法上の消滅時効の制度として正しいものはどれか。

① 所有権は10年で消滅時効にかかる

② 所有権は20年で消滅時効にかかる

③ 債権は権利を行使することができる時から10年で消滅時効にかかる

④ 債権は権利を行使することができる時から20年で消滅時効にかかる

106……第2章　財産法

4 車を買ったあなたが「車を引き渡してもらうまではお金を払いませんよ」と言うために主張するのはどれか。

① 物権的請求権

② 占有権

③ 同時履行の抗弁権

④ 同時履修の抗弁権

5 相殺する側の有する債権は何というか。

① 自働債権

② 受働債権

③ 相殺債権

6 代物弁済につき正しいものはどれか。

① 代わりの物の価値が、本来の債権額と同額かそれ以上であることが必要

② 債権者との合意が必要

③ あくまで「代わり」だから、あとで本来の債権の弁済が必要

※解答は巻末

理解度クイズ⑤ ……107

Ⅵ 債権の効力としての問題が生じたときの処理

　さて、売主が売買の目的物を引き渡してくれれば問題はありません。ところが、債権・債務が発生したにもかかわらず、引渡しだとか代金の支払いとかが行われない場合が問題になります。たとえば、建物を買ったけれども、なかなか引き渡してくれない。土地を買ったけれども、なかなか引き渡してくれない。自動車を売ったけれども、なかなか代金を支払ってくれない。そういうことはけっこうありがちです。そして、債権がいったんは発生したけれども、発生した債権・債務に代金の不払いだとか引渡しをしないだとか、そういう問題が生じたときにどうなるのだろうか、というのが次の話です。

❶特定物債権と不特定物債権

　まず前提として、債権には特定物債権と不特定物債権の大きく２種類あるということについてみておきます。たとえばコレクションのひとつに加えようと思って珍しい切手を買ったときに、「その珍しい切手を引き渡せ」と言うのと、手紙を出したいと思って切手を買ったときに、「どんな切手でもいいから引き渡せ」と言うのとでは、同じ引渡しといっても違うということです。日本に１枚しかない珍しい切手がどうしてもほしくなって、その売買契約をしたとします。そして、お金を払ってから、売主に「やっぱりこの切手は売りたくないから、普通の84円切手にしてね」などと言われて珍しくもない切手をつかまされてしまったのでは、たまったものではありません。目的物の個性が当事者にとって重要な場合があるのではないかということです。このような債権を、当事者が特にその個性に着目した物を引き渡してもらうことを内容とする債権なので「特定物債権」といいます。「当事者が特にその物の個性に着目をした場合」、その物を特定物とい

108……第2章　財産法

います。逆に、当事者がその物の個性に着目していない場合、それを不特定物といいます。種類物とよぶこともあります。

「当事者が特にその物の個性に着目したか」で、特定物と不特定物という分類になっています。たとえば、「この84円切手がいい」とその個性に着目した場合は、特定物ということになります。「84円切手なら何でもいいよ」とその切手の個性に着目していない場合は、不特定物といいます。そして特定物、不特定物の引渡しを目的としている債権を、特定物債権、不特定物債権といいます。このように、特定物や不特定物というのは、当事者がその個性に着目したか否かがポイントになります。

さて、それに対して、一般的な取引において普通ならば個性に着目するものを不代替物、個性に着目しないものを代替物といいます。特定物と不特定物、代替物と不代替物の分類の違いは、当事者がその個性に着目したか否か、その当事者ではなしに取引上一般に普通ならば個性に着目するか否か、という違いです。簡単に言えば、世の中に1個しかないものが不代替物で、いくらでも転がっているようなものが代替物と思ってください。代わりのモノで替えられるのが代替物、不代替物というのはそれしかないから他のモノで替えられない物です。だから、まさに世の中では取引上一般に個性に着目しているかという意味あいです。

次頁の表に具体例を書いておきました。これはどういうことかというと、代替物でかつ特定物、不代替物でかつ特定物とか、そういう組合わせで4通りの分類ができるという表です。その組合わせの中でもっとも典型的なものは、特定物でかつ不代替物というものです。このゴッホのひまわりの絵、といった場合、「この絵がいいんだよ、このゴッホのひまわりの絵がいいんだよ」と買ってくる。それはまさに当事者がこの絵の個性に着目しているわけです。ですから、これは特定物になります。そしてまた、本当にゴッホの描いたものならば取引上一般にその個性に着目して取引されるの

Ⅵ　債権の効力としての問題が生じたときの処理……109

		取引上一般にその物の個性に着目するか否か	
		代替物（着目しない）	不代替物（着目する）
当事者が特にその物の個性に着目したか否か	特定物	このX社のラガービール10本	このゴッホのひまわりの絵
	不特定物	X社のラガービール10本	ゴッホの絵ならなんでもいい

　が普通だから、それはやはり不代替物になります。そのため、特定物でかつ不代替物である、ということになるわけです。

　そして、これも世の中によくあることですが、不特定物で代替物という組合わせ。たとえば、「X社のラガービール10本、お願いします」と言ったときには、X社のラガービールであればどれでもいいわけです。別に個性に着目しているわけでも何でもなく、当事者もその個性に着目して取引しているわけではありません。また、一般的にもX社のラガービール10本といったときに個性に着目して、買ってくるときにビンを眺めながら、「ちょっとこのビンは傷があって気にくわないな」とか言いながら10本選んで、X社のラガービールを買ってくる人はまずいないわけです。ですから、取引上一般にそんな個性には着目しないし、契約の当事者も個性に着目していない。というわけで、これはごく普通の場面ということになります。

　問題はそうではない場面です。特定物で代替物ということがあります。たとえば、X社のラガービール10本といったときには、それは通常、世の中では個性に着目しませんから、これは代替物なのですが、この買主が、特に「この10本がいいんだ」と、ちょっと変わった人で、「この10本でない

110……第2章　財産法

といやだ」と言った場合です。お店に行って、冷蔵庫の一番奥に10本並んで冷えているビールがあるとします。「この一番奥の、この10本がいいんだよ」と、この10本の個性に着目してしまうわけです。そうすると、その10本は特定物になってしまう。けれども、世の中では一般には代替物になるわけです。個性に着目しないから代替物だ、ということになるので、「この」X社のラガービールといった場合には、そこにあるように、代替物でかつ特定物になります。

それから、不特定物で不代替物ということもあります。今度はゴッホの絵なら何でもいい、という太っ腹な人がいて、とにかくゴッホの絵を集めている。とにかく集めたいから今回はゴッホの絵なら何でもいいですよ、と言って、別にこのひまわりの絵でないといけない、というようには個性には着目しないわけです。それでも、やっぱりゴッホの絵ならば、世の中では不代替物になるわけです。不代替物でありながら、その当事者は個性に着目しないで、ゴッホの絵ならば何でもいいと言って集めてしまう場合には、まさに不代替物なんだけれども、不特定物という場合になるのです。

この4つの中で、代替物か不代替物かという点はこれから先あまり問題になりませんが、特定物か不特定物かという点は、今後、さまざまな問題を処理する場合にきわめて重要になってきますので、常に念頭におくことが必要です。

❷弁済の提供と受領遅滞

▶▶▶第492条（弁済の提供の効果）
債務者は、弁済の提供の時から、債務を履行しないことによって生ずべき責任を免れる。

それでは次に、弁済しようとしたが債権者が受け取りを拒んできた。そ

VI　債権の効力としての問題が生じたときの処理……111

のような場合はどうなるだろうか、という場面を考えてみます。たとえば、自動車の売買契約をして、次の日曜日にお宅に持っていきますから待っていてください、という話になった。そして日曜日に、ディーラーがお客さんのところまで自動車を持っていったわけです。そうすると、お客さんから、「まだ駐車場の手配ができていないから、受け取れないんです、来週にしてくれませんか」と言われてしまったので、ディーラーは仕方がないからまたもって帰るわけです。そんなふうにいったん持っていって受け取ってもらおうとしたのに、受取りを拒まれてしまった。それが、受領遅滞という問題です。

　ディーラーは約束どおり、自動車を持ってきました。弁済しようとしたわけです。相手の目の前まで持っていって、どうぞ受け取ってください、という状況まですることを、弁済の提供といいます。

　さて、別なケースですが、ある人が100万円の借金を負っていました。一生懸命返そうと思って期日に100万円を用意して、持っていったら、相手方が「ちょっとお札が汚いな、ちゃんとピン札でそろえろよ」と言って受け取ってくれない。仕方がないので持ち帰って、きれいなお札にしてまた持っていったところ、2日ぐらい遅れてしまった。こんなとき、相手方に「2日分の利息を寄こせ」と言われたのではたまらない、ということになります。きちんと100万円持っていったにもかかわらず、債権者が難癖をつけて受け取らないことによって利息が増えるのかとか、余分な費用が生じてしまうのかとか。自動車の例でいえば、お客さんが受け取ってくれないからやむをえず車を持って帰る途中、ぶつけてしまったといったときに、だれがその責任を負うのかとか、そういう問題が出てきます。それが受領遅滞という問題になります。

　ところで、弁済の提供といわれたら、弁済の直前までのところ、それを弁済の提供といいます。弁済の提供とは、債務者としてなすべきことをす

キーワード　弁済の提供
弁済の提供は、債務の本旨に従って現実にこれをなすことを要する（493条本文）。これを現実の提供という。この点、ただし書が定める2つの場合には、弁済の準備をなしたことを通知して、その受領を催告するだけでよい。これを口頭の提供という。弁済の提供がなされれば、履行遅滞責任を免れるなどの効果が生じる（492条）。

112……第2章　財産法

べてなしたのだからもう責任は負わなくていい、という制度のことです。
492条に弁済の提供の効果が書いてあります。「債務者は、弁済の提供の時から、債務を履行しないことによって生ずべき責任を免れる」。ここに責任を免れると書いてありますが、より正確に言えば履行遅滞の責任を免れるというふうに読むことになります。

　さて、実際に相手に物を引き渡すそのときに、相手が受け取ってくれると弁済ということになり債務は消滅しますが、相手が受け取ってくれないと債務は消滅しません。しかし、債務が消滅しないからといって、いつまでも債務を負って、しかも、期日に遅れてしまうから遅滞の責任まで負い続けるというのはおかしな話です。ですから、たとえば100万円の借金の返済ですが、約束の期日に100万円持っていって「約束どおりお返しします」と言ったのに、その債権者のほうが難癖をつけて100万円を受け取らないというふうに、相手が受け取ってくれないことには債務は消滅しないわけですから、そのときに債権者と債務者の間のバランスを考えた場合、債権者のほうが受取りを拒んだことによって生じたさまざまな余分な費用だとか、その利息だとか、そんなところを全部債務者に負わせてしまうというのは酷な話だということになります。そこのバランスの感覚からして、いったん期日に弁済の提供というものをしたのなら、もはや、期日に遅れたということは言わせない、というのがこの履行遅滞の「責任を免れる」という492条の効果です。ですから、きちんと約束の時に弁済の提供さえしておけば、以後債権者から「期日に遅れたじゃないか」と文句を言われることはない、というのが492条の意味です。そして、492条にあるように、履行遅滞の責任を免れるということです。つまり、すでに期日に持っていっている以上は、期日に遅れることによる責任は生じませんよ、というのが492条ということになります。

　ちなみに、493条という条文に弁済の提供の要件の条文があります。「弁

Ⅵ　債権の効力としての問題が生じたときの処理……113

済の提供は、債務の本旨に従って現実にしなければならない」と書いてあります。弁済の提供というのは現実にしなければならないというのが原則です。つまり、お金を実際に債権者のもとへ持っていくこと、それが現実の提供ということになります。これが原則です。

　それでは、ディーラーが車を運んでいったが買主に受け取ってもらえず、もって帰る途中に帰責性なく事故に巻き込まれてしまって車が壊れてしまったというようなことがあったとします。そうすると、車は壊れていますから、履行不能ということになります。物を渡す、売主、すなわちディーラー側に帰責性なく壊れてしまった場合でも、履行不能である以上、買主は契約を維持する理由がありませんから、契約を解除できるのが原則です（542条1項1号）。

　でも、契約を解除されてしまうと、売主は売買代金を請求することができなくなり、手元に残るのは壊れてしまった車だけ、ということになります。買主がちゃんと車を受け取ってくれれば売買代金をもらえたのに、買主は契約を解除して代金支払債務を免れることができる、というのでは、売主がかわいそうですね。そこで、受領遅滞の後に売主の帰責事由によらずに履行不能になったときは、その履行不能は買主の帰責性によるものとみなすことになっています（413条の2第2項）。買主の帰責性によるものとみなされる結果、買主は、売買契約を解除することができなくなり（543条）、売主に対して売買代金を支払わなければなりません（536条2項）。

❸債務不履行

（1）種類

▶▶▶第415条（債務不履行による損害賠償）
①債務者がその債務の本旨に従った履行をしないとき又は債務の履行が不能であるときは、債権者は、これによって生じた損害の

賠償を請求することができる。ただし、その債務の不履行が契約
その他の債務の発生原因及び取引上の社会通念に照らして債務者
の責めに帰することができない事由によるものであるときは、こ
の限りでない。

②前項の規定により損害賠償の請求をすることができる場合にお
いて、債権者は、次に掲げるときは、債務の履行に代わる損害賠
償の請求をすることができる。

一　債務の履行が不能であるとき。

二　債務者がその債務の履行を拒絶する意思を明確に表示したと
き。

三　債務が契約によって生じたものである場合において、その契
約が解除され、又は債務の不履行による契約の解除権が発生した
とき。

　債務者が本来の履行をしなかった場合、それを債務不履行といいます。
責めに帰すべき事由のことを帰責事由とか、帰責性といいます。債務不履
行の種類としては、履行遅滞・履行不能・その他の債務不履行の３種類が
あります。

　履行遅滞というのは期日に遅れてしまうことです。たとえば、４月１日
に引き渡しますと言っているのに、４月１日になっても引き渡さないとい
うのが履行遅滞です。それから履行不能とは、目的物を渡せなくなってし
まうこと。たとえば、燃えてしまって引き渡せない、それから壊してしま
ったので渡せなくなった、これが履行不能という話になります。それから、
その他の債務不履行とは、一応は渡したのだけれども不完全だったという
不完全履行などのことです。たとえば、一応、ビール10本を渡したのだけ
れども、そのうちの２本のビンにひびが入っていたとか、気が抜けていて
古いビールだったとか、引渡しはしたのだけれども不完全だったというの
が不完全履行ということになります。約束どおりにしていないといったと

Ⅵ　債権の効力としての問題が生じたときの処理……115

きには、先に述べた３種類のどれかに分類されると思っていてください。

(2) 効果

この債務不履行のときに、債権者ができることは３つあります。現実的履行の強制、損害賠償の請求、解除です。

a．現実的履行の強制

まず、相手方は現実の履行の強制ができます。いわゆる強制執行です。約束の期日になっても目的物を引き渡してこない、こんなときには裁判所に訴え出て、強制的に履行を請求することができます。裁判所に助けてもらって強制執行ができるわけです。この場合は、約束どおりのことをしてもらうだけですから債務者の帰責性はいりません。債務者に帰責性がなくても現実的履行の強制はできるのです。

b．損害賠償の請求

次に、損害賠償の請求ができます。これは、今までにも不法行為のときに損害賠償の請求ができるという話が出てきました。実は民法の世界では、損害賠償ができる場面というのはいくつかあって、その中でもっとも重要なのが709条の不法行為の損害賠償、それからこの債務不履行の損害賠償（415条）です。ですから、何か事が起こって損害賠償だ、といったときにその根拠は？　と言われたら、不法行為（709条）と債務不履行（415条）の２つをすぐに思い出せるようにしておいてください。

この債務不履行に基づく損害賠償というのは、要するに約束を破ったときの損害賠償ということです。「４月１日に持ってきますと言ったのに、４月１日に持ってこないじゃないの。１か月も引渡しが遅れたおかげでこんなに損害を被ってしまった」というときに損害賠償の請求をする、これが債務不履行に基づく損害賠償です。415条という条文で債務不履行に基づく損害賠償請求ができるということになっています。「債務者がその債

キーワード 債務不履行に基づく損害賠償請求

債務者が本来の債務を履行しないとき、債権者は現実的履行の強制ができるし、また双務契約なら解除もできる。しかし、現実的履行の強制を受けたとしても、また契約を解除したとしても、なお債権者は相手方の不履行によって損害を受けていることがある。たとえば、家屋の売買契約を例にとれば、買主は現実的履行の強制により家屋

116……第２章　財産法

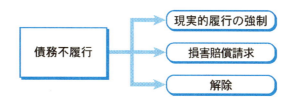

務の本旨に従った履行をしないとき又は債務の履行が不能であるときは、債権者は、これによって生じた損害の賠償を請求することができる」と書いてあります。債務の本旨というのは、簡単に言えば約束どおりの、ということです。約束どおりの履行を債務者がしなかったとき、損害賠償の請求ができます、というのが415条の条文です。ただし、「その債務の不履行が契約その他の債務の発生原因及び取引上の社会通念に照らして債務者の責めに帰することができない事由によるものであるとき」には、損害賠償の請求ができません。損害賠償の請求をするためには、債務者の帰責事由によって債務不履行になったことが必要というわけです。

c．解除

▶▶▶第541条（履行による解除）
当事者の一方がその債務を履行しない場合において、相手方が相当の期間を定めてその履行の催告をし、その期間内に履行がないときは、相手方は、契約の解除をすることができる。ただし、その期間を経過した時における債務の不履行がその契約及び取引上の社会通念に照らして軽微であるときは、この限りでない。

▶▶▶第542条（催告によらない解除）
①次に掲げる場合には、債権者は、前条の催告をすることなく、直ちに契約の解除をすることができる。
一　債務の全部の履行が不能であるとき。
二　債務者がその債務の全部の履行を拒絶する意思を明確に表示したとき。

の引渡しを受けたり、また、契約を解除したりしたとしても、ほかから家屋を借りて賃料を支払ったという損害は残る。そこで、このような損害を補填して損害の公平な分担を図るために認められるのが、損害賠償請求という制度である。

三　債務の一部の履行が不能である場合又は債務者がその債務の一部の履行を拒絶する意思を明確に表示した場合において、残存する部分のみでは契約をした目的を達することができないとき。
四　契約の性質又は当事者の意思表示により、特定の日時又は一定の期間内に履行をしなければ契約をした目的を達することができない場合において、債務者が履行をしないでその時期を経過したとき。
五　前各号に掲げる場合のほか、債務者がその債務の履行をせず、債権者が前条の催告をしても契約をした目的を達するのに足りる履行がされる見込みがないことが明らかであるとき。
②次に掲げる場合には、債権者は、前条の催告をすることなく、直ちに契約の一部の解除をすることができる。
一　債務の一部の履行が不能であるとき。
二　債務者がその債務の一部の履行を拒絶する意思を明確に表示したとき。

　債務不履行のときにできるものとして解除、という制度があります。この契約の解除というのは、簡単に言えば、契約をなかったことにすることをいいます。たとえば、建物の売買契約をしたのだけれど買主がなかなか代金を支払ってくれない。そこで、その買主とは縁を切って、新たに家を買ってくれる別の人を探したいと思ったとき、その以前の相手との契約をはじめからなかったものとする制度が、契約の解除というものです。一度、有効に成立した契約を何もなかった状態に戻すわけです。すなわち、契約の解除というのは、契約の目的が達成できない場合に契約をはじめからなかったものにしてしまい、当事者を契約の拘束力から解放することをいうのです。

　541条が催告による解除の規定で、「当事者の一方がその債務を履行しない場合において、相手方が相当の期間を定めてその履行の催告をし、その

キーワード 解除
契約の解除とは、契約が締結された後に、その一方の当事者の意思表示によって、その契約がはじめから存在しなかったと同様の状態に戻す効果を生じさせる制度である（540条、545条1項）。解除の効果をどのように解するかは争いがあるが、解除により契約は遡及的に消滅すると考える直接効果説が判例・通説である。

118……第2章　財産法

期間内に履行がないときは、相手方は、契約の解除をすることができる」と書いてあります。債務を履行しない場合に相当期間を定めて履行の催告をするとありますが、たとえば4月1日に引き渡すという約束になっているのに、家を引き渡してくれない。そういうときには、1週間以内にきちんと引き渡してください、と相当期間を定めて履行の催告をします。それにもかかわらず、1週間たっても全然引き渡してくれないときには契約の解除をすることができる、というのが541条です。

それから、引き渡してくれといったのに、家が火事にあって燃えてしまって引渡しができない、という場合があります。こうした履行不能などの場合には、相当期間を定めて催告をしたところで履行される可能性はありませんから、すぐに解除を認めてあげる必要があります。そこで、催告によらない解除を規定しているのが542条です。542条1項には「次に掲げる場合には、債権者は、前条の催告をすることなく、直ちに契約の解除をすることができる」と書いてあり、解除ができる場面のひとつとして「債務の全部の履行が不能であるとき」と書いてあります。このように、債務不履行の場合には、催告によらずただちに契約を解除することができます。

なお、契約を解除できる権利を解除権といいますが、債務者の帰責性は解除権の発生要件ではありません。債務者に帰責性がなくても、催告による解除や催告によらない解除はできるのです。

(3) 解除の存在理由

さて、解除というのは契約の目的が達成できないから契約を解除するわけですが、どうしてこういうことが必要になるのかということを考えてみましょう。たとえば自動車の販売契約で、自分がディーラーの側だとします。お客さんに中古で100万円の自動車を売ったのだけれども、期日になってもお客さんが代金を支払ってくれない。どうも、このお客さん、本当

Ⅵ 債権の効力としての問題が生じたときの処理……119

に買う気があるのかな、と思うわけです。ディーラーのほうとしては、弁済の提供までしているのに、お金も払ってくれないし渡せないというのがずるずると続くわけです。ところが、ディーラーのほうとしては、とにかく100万円で売る約束をしたその自動車について、そのお客さんに引き渡さないかぎり債務は消滅しないわけです。仮に、そのお客さんが車を受け取ってくれないからといって、別のお客さんにその車を売って、引渡しをしてしまったとすると、それはまさに二重譲渡で、第1のお客さんに対して債務不履行をしたということになります。いくらお客さんのほうが代金を払わないでずるずるしているからといっても、お客さんが引渡しについて債権者であることには変わりありません。ですから、債権者であるお客さんが自動車の代金を支払わないというのは代金債務についての話であって、自動車の引渡しについては、そのお客さんを無視して別のお客さんに売ってしまったとすると、第1のお客さんに対しては自動車の引渡債務について債務不履行をしたことになり、逆に損害賠償請求されてしまうことになるわけです。

　それではまずいですから、ディーラーの側としてはどうするか。もう第1のお客さんを見かぎって、第2のお客さんを見つけて、さっさと売りたいわけです。そんなときに第1の契約をすっかりなかったことにしないとまずいわけです。自分が負っている車の引渡債務というものから解放されないと困るのです。それが解除という制度なのです。

　ですから、この解除という制度には債権者を双務契約の拘束から解放するという意味があります。双務契約の拘束という意味は、自動車の引渡債務という拘束から逃れるために、解除というものに実益があるという意味です。ですから、双務契約の場合、たしかに代金支払債務についてはお客さんの債務不履行かもしれないけれども、こちら側にも車の引渡債務というものがあって、それに拘束されているわけだから、そこから逃れるため

に、契約をなかったことにする解除という制度が必要になる、というわけです。つまり、解除というのは今みたように債務不履行のときに一番重要なものとして出てくるのです。

（4）取消しと解除の違い

しかし、この解除ができる場面というのは、基本的には有効に契約が成立した後の問題です。つまり、有効に契約が成立した後に、問題が生じて契約をキャンセルしてしまうことを、解除といいます。なぜこういうことをいうのかというと、取消しと区別してほしいからです。契約の取消しというのは、そもそもその契約が有効か無効かというレベルの問題です。これに対して、解除の場合は契約そのものには一切問題がないわけです。契約そのものの有効性に問題があるときが無効とか取消しの問題で、契約が有効であることを前提に、その後問題が生じたときに登場するのが解除だということをしっかり理解してください。ですが、取消しも解除も、最初からなかったことにするという点で、生じる効果はほとんど同じです。

❹危険負担

さきほど説明したとおり、解除をするのに債務者の帰責性は必要ありません。解除は、相当期間を定めて催告したのに履行されない場合や、債務の全部が履行不能である場合など、契約の目的が達成できない場合にできます。そして、契約の解除が認められる意義は、債権者を双務契約の拘束から解放するという点にあります。

では、債権者が契約を解除するまでの間、債権者と債務者の法律関係はどうなっているのでしょうか。たとえば、あなたがＡさんとの間で100万円の中古自動車の売買契約をしたところ、大災害によって中古自動車が壊れてしまったとします。Ａさんは中古自動車をきちんと保管しており、壊

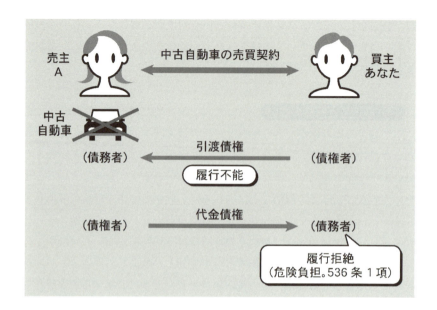

れてしまったことに帰責性がないという状況です。

　中古自動車の引渡債務は履行不能になっていますから、あなたはAさんに対して中古自動車の引渡しを請求することができません（412条の2第1項）。もっとも、中古自動車の引渡債務が履行不能になっているため、あなたは、催告によらずただちに売買契約を解除することができます（542条1項1号）。

　しかし、解除するまでは売買契約が有効に存在しているわけです。すなわち、あなたは、売買契約に拘束され、Aさんに対して売買代金債務を負っていることになります。Aさんに対して中古自動車の引渡しを請求できないのに、売買代金債務は負っているというのはバランスが悪いですよね。

　たしかに、解除をすればあなたは売買契約の拘束力から解放され、Aさんに対する売買代金債務も免れます。しかし、たとえば、解除権だけ先に

時効消滅してしまった場合など、単純に「解除をすればいいじゃないか」ともいえない状況がありえます。そこで、売買契約を解除していない状況でAさんから売買代金の支払いを請求された場合に、あなたが売買代金債務の履行を拒絶できるルールが設けられました。それが危険負担です。

このように、当事者双方の帰責性によらずに双務契約の一方の債務が履行不能となった場合において、その債務の債権者が、契約を解除しなかったため債務者から反対債務の履行を請求されたとき、反対債務の履行を拒絶することができる制度を危険負担といいます（536条1項）。

危険負担の概念は債権法改正で大きく変わった部分なので、改正前の民法で危険負担を勉強したことのある方は特に気をつけてください。

❺担保責任
（1）担保責任の意義

債権法改正で大きく変わった部分として、もうひとつお話します。担保責任というものです。担保責任とは、売買契約の目的物が契約の目的に適合しない場合に買主が主張できる手段のことです。担保責任を理解するには、少し債権法改正の経緯に触れる必要があるので、がんばってついてきてください。

特定物と不特定物という話をしました。特定物とは、当事者がその個性に着目した物のことでしたね。不特定物は、当事者がその個性に着目しない物でした。

特定物は、当事者がまさに「これがいいんです」と個性に着目した物ですから、引渡しの対象になるのはその物しかありません。たとえば、あなたがAさんから中古車1台を100万円で買うという売買契約をする場合、あなたは「この中古車がいいんです」と個性に着目して売買契約をするわけです。それなのに、Aさんが勝手に「同じような車種だから、こっちの

Ⅵ　債権の効力としての問題が生じたときの処理……123

中古車を引き渡します」なんて言ってきたら、困りますよね。約束が違うじゃないか、となるわけです。Aさんは、きちんとあなたの指定した「この中古車」を引き渡さなければなりません。

　ところが、もしこの中古車のエンジンが壊れていて、まったく走れなかったらどうなるでしょう。

　あなたは、「この中古車がいいんです」と個性に着目して売買契約をしたわけですが、その中古車はエンジンが壊れていた。あなたとしては、Aさんから買った中古車でいろいろなところにドライブに行きたいなと思っていました。当然、この中古車はエンジンが壊れていなくて、きちんと走れると思って売買契約をしたわけです。

　しかし、「エンジンが壊れていない『この中古車』」は、そもそもこの世の中に存在しませんね。Aさんとしては、あなたと契約した「この中古車」を契約どおりに引き渡しているわけですから、それ以上文句を言われても困ります。さて、どうしましょう。

　この場合に、改正前の民法では、Aさんは「この中古車」を引き渡せば債務不履行にはならないと考えられていました。この世の中に存在しない「エンジンが壊れていない『この中古車』」を引き渡すことはできませんから、現に存在する「（エンジンの壊れた）この中古車」を引き渡せば、きちんと債務を履行したといえるでしょうということです。このような考え方を特定物ドグマとよんでいました。特定物ドグマは、改正前民法483条が「債権の目的が特定物の引渡しであるときは、弁済をする者は、その引渡しをすべき時の現状でその物を引き渡さなければならない」と書いていたことを根拠としていました。

　しかし、このような特定物ドグマの考え方には強い批判がされました。

　エンジンの壊れた中古車を渡しておいて、債務不履行はありませんというのでは、あなたとしても納得できませんよね。あなたが中古車を選んで

いる時に、Ａさんとの間で「中古車を買って、ここにドライブしたいんですよ。あっちのほうにドライブするのもいいな」なんて楽しくお話していて、Ａさんも「いいですね。こっちのほうもおすすめですよ」なんて言っていたのであれば、あなたが買おうとしている中古車はエンジンが壊れていない物でないとだめだ、ということをＡさんもわかっていたはずです。たとえＡさんがエンジンが壊れていたことに気付いていなかった、気付けなかったとしても、あなたとしては、エンジンを修理できるのであれば修理してから引き渡してほしかったでしょう。エンジンが壊れたまま引き渡されるにしても、エンジンが壊れていないことを前提として決めていた100万円という代金を、全額支払わなければならないというのは納得できないはずです。

　私的自治の原則のもとでは、当事者の意思がもっとも尊重されるはずです。仮に実在するのがエンジンの壊れた中古車であったとしても、当事者同士が「エンジンの壊れていない『この中古車』」を目的物としたのであれば、売主は「エンジンの壊れていない『この中古車』」を引き渡す義務を負い、エンジンの壊れた中古車を引き渡してもそれは債務不履行（不完全履行）というべきでしょう。

　そこで、債権法改正によって、特定物ドグマは否定されました。改正後の483条をみてみましょう。

> ▶▶▶483条（特定物の現状による引渡し）
> 債権の目的が特定物の引渡しである場合において、契約その他の債権の発生原因及び取引上の社会通念に照らしてその引渡しをすべき時の品質を定めることができないときは、弁済をする者は、その引渡しをすべき時の現状でその物を引き渡さなければならない。

改正後の483条には「契約その他の債権の発生原因及び取引上の社会通念に照らしてその引渡しをすべき時の品質を定めることができないときは」という文言を追加されています。これは、契約などによって引渡しをすべき時の品質を定めることができるのであれば、その品質の物を引き渡さなければならず、現状での引渡しではダメだということを意味しています。契約当事者が「エンジンの壊れていない『この中古車』」を売買の目的物としたのであれば、売主は「エンジンの壊れていない『この中古車』」を引き渡す義務を負います。エンジンの壊れた中古車を引き渡しても、それは債務不履行（不完全履行）です。

そして、売買契約の目的物が契約の目的に適合しない場合に、買主はどのような救済を求めることができるのか、明文化しておいたほうがわかりやすいといえます。そこで、一般的な債務不履行に対する特則として設けられたのが担保責任の規定です。

▶▶▶562条（買主の追完請求権）
①引き渡された目的物が種類、品質又は数量に関して契約の内容に適合しないものであるときは、買主は、売主に対し、目的物の修補、代替物の引渡し又は不足分の引渡しによる履行の追完を請求することができる。ただし、売主は、買主に不相当な負担を課するものでないときは、買主が請求した方法と異なる方法による履行の追完をすることができる。
②前項の不適合が買主の責めに帰すべき事由によるものであるときは、買主は、同項の規定による履行の追完の請求をすることができない。
▶▶▶563条（買主の代金減額請求権）
①前条第一項本文に規定する場合において、買主が相当の期間を定めて履行の追完の催告をし、その期間内に履行の追完がないときは、買主は、その不適合の程度に応じて代金の減額を請求する

126……第2章　財産法

ことができる。

②前項の規定にかかわらず、次に掲げる場合には、買主は、同項の催告をすることなく、直ちに代金の減額を請求することができる。

一　履行の追完が不能であるとき。

二　売主が履行の追完を拒絶する意思を明確に表示したとき。

三　契約の性質又は当事者の意思表示により、特定の日時又は一定の期間内に履行をしなければ契約をした目的を達することができない場合において、売主が履行の追完をしないでその時期を経過したとき。

四　前三号に掲げる場合のほか、買主が前項の催告をしても履行の追完を受ける見込みがないことが明らかであるとき。

③第一項の不適合が買主の責めに帰すべき事由によるものであるときは、買主は、前二項の規定による代金の減額の請求をすることができない。

▶▶▶564条（買主の損害賠償請求及び解除権の行使）

前二条の規定は、第415条の規定による損害賠償の請求並びに第541条及び第542条の規定による解除権の行使を妨げない。

562条1項本文には「引き渡された目的物が種類、品質又は数量に関して契約の内容に適合しないものであるときは、買主は、売主に対し、目的物の修補、代替物の引渡し又は不足分の引渡しによる履行の追完を請求することができる」と書いてあります。買主は、売主に対して、完全な履行を求めることができるのであれば、まず履行の追完を求める必要があるわけです。

そして、追完を求めたのに追完してもらえない場合や、そもそも追完ができない場合には、買主は、売主に対して代金の減額を請求することができます（563条）。これは、契約の一部解除の性質をもっています。

VI　債権の効力としての問題が生じたときの処理……127

また、買主は、一般の債務不履行に関する規定に従って、売主に対して損害賠償請求をしたり、契約を解除したりすることもできます（564条）。

　これらは売買に関する規定ですが、売買に関する規定は売買以外の有償契約にも準用される（559条）ので、他の有償契約についても（その性質に反しないかぎり）売買と同様の担保責任が適用されることになります。

（2）原始的瑕疵・不能と後発的瑕疵・不能

　契約成立時点でエンジンが壊れていた中古車のように、契約成立時点でキズがある状態のことを原始的瑕疵といいます。また、エンジンから火が出て中古車が燃えてしまったなど、契約成立時点で中古車が滅失していた場合には、引き渡すべき物がありません。このような状態を原始的不能といいます。これに対して、契約成立後にキズができたり、滅失したりした場合をそれぞれ後発的瑕疵・不能といいます。

　特定物ドグマを前提とすると、原始的瑕疵・不能なのか、後発的瑕疵・不能なのかで扱いが大きく異なりました。しかし、特定物ドグマを否定した改正後の民法のもとでは、原始的瑕疵・不能と後発的瑕疵・不能とで扱いは変わりません。

　ここから先の話は、主に改正前の民法を勉強したことのある方に向けたものですので、改正後の民法で勉強を始めた方は読み飛ばしてしまっても大丈夫です。

　特定物ドグマを前提とすると、契約成立時点で目的物が存在しないわけですから、そもそも契約内容を実現する可能性がありません。そこで、改正前民法のもとでは、原始的不能の場合には契約内容の実現可能性が欠けるとして、契約自体が無効となると考えられていました。契約の有効要件のうち、契約内容に関する一般的有効要件として「実現可能性」が求められると考えたうえで、実現可能性が欠けるため有効要件をみたさないと考

128……第2章　財産法

えるわけです。

　これに対して、改正によって新設された412条の2第2項は、「契約に基づく債務の履行がその契約の成立の時に不能であったことは、第415条の規定によりその履行の不能によって生じた損害の賠償を請求することを妨げない」と書いています。これは、特定物ドグマを否定し、原始的不能であっても契約の効力は妨げられないという考え方を示した条文です。すなわち、たとえ原始的不能であったとしても、契約当事者が「この中古車」を売買の目的物としたのであれば、売買契約は有効であり、売主は「この中古車」を引き渡す義務を負うということです。

> ▶▶▶412条の2（履行不能）
> ②契約に基づく債務の履行がその契約の成立の時に不能であった
> ことは、第415条の規定によりその履行の不能によって生じた損
> 害の賠償を請求することを妨げない。

　同様に、原始的瑕疵がある場合についても、契約当事者が「エンジンの壊れていない『この中古車』」を売買の目的物としたのであれば、売主は「エンジンの壊れていない『この中古車』」を引き渡す義務を負います（483条参照）。

　売主が「この中古車」を引き渡せない場合、その原因が原始的不能であろうと、原始的瑕疵であろうと、いずれにせよ債務不履行になるわけです。このことは、売主が「この中古車」を引き渡せない原因が後発的瑕疵・不能の場合でも同じです。そのため、改正後の民法のもとでは、原始的瑕疵・不能と後発的瑕疵・不能とで扱いが変わらないのです。

❻債務不履行、危険負担、担保責任の関係

　以上のとおり、改正後の民法のもとでは、原始的瑕疵・不能も後発的瑕

Ⅵ　債権の効力としての問題が生じたときの処理……129

疵・不能も契約内容に適合する物を引き渡せなければ債務不履行であり、担保責任は債務不履行責任の一場面を定めた特則、危険負担は契約が解除されない場合の履行拒絶権、という関係にあります。

別れた恋人へのプレゼント、返してもらえる?

付き合っていた彼女に振られてしまったとき、「だったら、昔あげたプレゼントを全部返してほしい」と、ついつい思ってしまうことがあるかもしれません。

550条において「書面によらない贈与は、各当事者が解除をすることができる。ただし、履行の終わった部分については、この限りでない。」と規定しています。通常、彼女にプレゼントをするときに書面を作るなどということはしないでしょうから、この場合も「書面によらない贈与」にあたるでしょう。しかし、すでにプレゼントは彼女に渡っていますから、贈与の「履行」は「終わった」といえます。ですから、彼は、贈与を解除できず、プレゼントの返還を請求することはできないのです。

別れた彼女にプレゼントの返還を求めるなどということは、男としても格好がつかないので、するべきではないと個人的には思いますが、法律上もそのような請求は認められないということになるのです。

130……第2章　財産法

理解度クイズ⑥

1 次の中で特定物売買となるものはどれか。

① 古本屋で、1冊しかない著者のサイン本を買う

② 酒屋で、特に物を指定せずにX社のラガービールを10本買う

③ 書店で、特に物を指定せずに新発売の判例六法を買う

2 弁済の提供をしたのに債権者が受け取ってくれない場合に成立する
ものはどれか。

① 担保責任

② 受領遅滞

③ 危険負担

3 債務者の債務の履行が期日に遅れている場合に成立する債務不履行
はどれか。

① 履行遅滞

② 履行不能

③ 不完全履行

4 買主が代金の弁済日になっても代金を支払わない場合に、売主がで
きないものはどれか。

① 「早く払え」と書いた手紙を送る

② 損害の賠償を請求する

③ 契約を解除する

④ 契約を取り消す

理解度クイズ⑥ ……131

5 売買契約の目的物が売主の帰責事由によらずに滅失してしまった場合に、代金債務を負う買主ができないものはどれか。

① 契約を解除する

② 代金債務の履行を拒絶する

③ 損害の賠償を請求する

6 AくんとBくんが走れる状態にあることを前提として中古車の売買契約を締結したところ、その中古車は売買契約成立時点でエンジンが壊れていて走れる状態になかった。AくんがBくんにそのままの状態で中古車を引き渡した場合に、Bくんができないものはどれか。

① 履行追完請求

② 契約の無効主張

③ 代金減額請求

④ 契約の解除

※解答は巻末

Ⅶ　債権の履行確保の手段

❶全体像

　今度は債権の履行確保の手段です。債権債務が発生しました。ですが、債権について確実に回収がなされなければ意味がありません。それではどうやって履行を確保して確実に回収をするか、という話です。

　その確実に回収するための手段として、特殊な債権回収手段と、債権の保全と担保という制度があります。まず特殊な回収手段としては、代物弁済・相殺・債権譲渡があり、債権の保全として債権者代位権、詐害行為取消権というものがあります。それから担保としては人的担保、物的担保という制度があります。

　債務者が任意に債権者に弁済してくれればいうことはないのですが、世の中、必ずしもそういう債務者ばかりとはかぎりません。そこで債権者としては、債務者が任意に弁済しない場合、その債権の満足を図れるようにさまざまな手段を講じていく必要があります。それを大きく分けると、今あげた3つに分けることができるというわけです。

❷特殊な債権回収手段
（1）代物弁済・相殺

　前に債権の消滅原因として検討した代物弁済と相殺は、債権回収の手段としても使われます。債務者が代金を金銭で支払えないときに別の物を引き渡してもらって一応の満足を得たり、こちらの負担している債務（受働債権）と相殺することで、こちらの債権（自働債権）を回収したのと同じ経済的効果をあげることができます。

Ⅶ　債権の履行確保の手段……133

(2) 債権譲渡

▶▶▶第466条（債権の譲渡性）
①債権は、譲り渡すことができる。ただし、その性質がこれを許さないときは、この限りでない。
②当事者が債権の譲渡を禁止し、又は制限する旨の意思表示（以下「譲渡制限の意思表示」という。）をしたときであっても、債権の譲渡は、その効力を妨げられない。
③前項に規定する場合には、譲渡制限の意思表示がされたことを知り、又は重大な過失によって知らなかった譲受人その他の第三者に対しては、債務者は、その債務の履行を拒むことができ、かつ、譲渡人に対する弁済その他の債務を消滅させる事由をもってその第三者に対抗することができる。
④前項の規定は、債務者が債務を履行しない場合において、同項に規定する第三者が相当の期間を定めて譲渡人への履行の催告をし、その期間内に履行がないときは、その債務者については、適用しない。

キーワード 債権譲渡
債権は自由に譲渡することができるのが原則である（466条1項本文）。例外的に、債権の性質上、譲渡性が制限される（466条1項ただし書）。対抗要件については467条が定めている（対債務者→通知または承諾、対第三者→確定日付のある通知または承諾）。

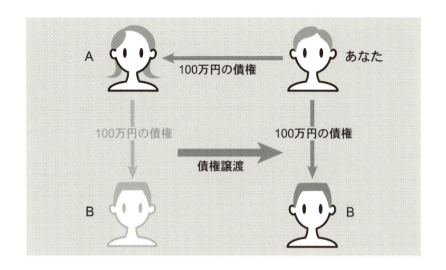

▶▶▶第467条（指名債権の譲渡の対抗要件）
①債権の譲渡（現に発生していない債権の譲渡を含む。）は、譲渡人が債務者に通知をし、又は債務者が承諾をしなければ、債務者その他の第三者に対抗することができない。
②前項の通知又は承諾は、確定日付のある証書によってしなければ、債務者以外の第三者に対抗することができない。

　次は、債権譲渡です。債権譲渡というのは、字のごとく、債権を譲渡するということです。たとえば、あなたはAさんに対して100万円の債権をもっています。そして、Aさんに他に財産がないかとよく調べたら、Bさんに対して100万円の債権をもっていることを見つけました。このAさんがBさんに対してもっている100万円の債権、これも立派な財産なのです。そこで、Aさんがもっているこの財産をこっちに渡してくださいと請求して、今度はあなたがBさんに対する債権者になってしまうこと、これを債権譲渡といいます。それで、債権譲渡によって今度はあなたがBさんに対

債務者が債権者に対して有していた抗弁（もう払っちゃったよ、などの反論）の対抗の可否については468条。

Ⅶ　債権の履行確保の手段……135

して直接債権者になりますから、Ｂさんに100万円を請求すればよいことになる。そうすればＡさんに貸していた100万円は回収されたのと同じことになるわけです。

　ですから、債権を自動車だとか土地や建物と同じようなイメージで思ってください。債権というのは目に見えない権利なのですが、それを売買で買うとか、代物弁済で譲り受けるとか、その債権が移転することを債権譲渡といいます。466条に債権譲渡の条文が出てきます。「債権は、譲り渡すことができる」とあります。そして、ただし書で「ただし、その性質がこれを許さないときは、この限りでない」と例外を規定しています。つまり、債権の譲渡は原則として自由にできる、これが債権の自由譲渡性を定めた重要な条文です。さて、債権譲渡をするとき、譲受人であるあなたはＡさんとの間で債権譲渡契約をすることになります。このように、債権を契約で移転させることを債権譲渡といいます。ところで、今は債権回収の手段として債権を譲り受ける、いわば代物弁済として債権を譲り受けるという場面を想定しました。ですが、世の中では別に代物弁済で債権を譲り受けるという場面だけではありません。たとえば、私が100万円の債権をもっている。その債権というのは弁済期が決まっていて、来年にならないと請求できないとします。でも、お金に困っているので、今すぐ現金がほしいと思ったとき、来年まで待つというわけにはいかないわけです。そんなときに、自分のもっている100万円の債権をだれか買ってくれる人に90万円で譲れば、私は今すぐに90万円の現金を手に入れることができます。そして、90万円で100万円の債権を買ったその買主は、１年間待てば100万円を請求できるわけですから、差額の10万円をもうけることができるわけです。これが債権の売買です。今すぐお金がほしいという人は、ちょっと安くても仕方がないから債権を売りに出せばいいわけです。債権をこのように契約で移転させることを債権譲渡といいます。

136……第2章　財産法

❸債権の保全

　次は、債権の保全です。担保をもたない一般債権者は、債務者が任意に弁済してくれず、または代物弁済・債権譲渡・相殺といった回収手段にも成功しないときは、結局、債務者の一般財産に強制執行して、弁済を受けることになります。強制執行ということをやって債務者の一般財産を売り飛ばし、そこから弁済を受けることになるわけです。この強制執行の引当てになる一般財産、これを責任財産とよびます。一般財産というのは債務者がもっているすべての財産のことをいいます。その債務者がもっているすべての財産で、強制執行の対象となるような財産を責任財産とよぶわけです。いざ、強制執行しようとしたら債務者の責任財産がなかったというのでは困ります。この責任財産に対して、債権者としては重大な利害関係をもっているわけです。そこで、この責任財産を確保しておく制度が債権者代位権と詐害行為取消権なのです。

（1）債権者代位権

▶▶▶第423条（債権者代位権の要件）
①債権者は、自己の債権を保全するため必要があるときは、債務者に属する権利（以下「被代位権利」という。）を行使することができる。ただし、債務者の一身に専属する権利及び差押えを禁じられた権利は、この限りでない。
②債権者は、その債権の期限が到来しない間は、被代位権利を行使することができない。ただし、保存行為は、この限りでない。
③債権者は、その債権が強制執行により実現することのできないものであるときは、被代位権利を行使することができない。

　たとえば、あなたがＡさんに対して100万円の債権をもっていたとしま

VII　債権の履行確保の手段……137

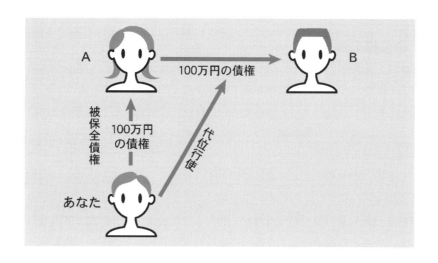

す。あなたはAさんに対し「100万円払ってください」と請求したのですが、Aさんは「ちょっと今、お金がないので払えません」と言って、なかなか払ってくれない。でも、あなたとしては、もしAさんが100万円を払ってくれなくても、いざというときにはAさんの手元にある財産を売り飛ばしてお金に換えて、それで弁済にあてよう、と期待できるから、Aさんのもとにどれだけの財産が残っているのかというのはとても大切なことになるわけです。ですから、債権者にしてみれば、債務者の下にある責任財産がどの程度確保されているかということはとても重要な利害関係があるということになります。

　ところが、この債務者Aさんが、「お金も何もないよ」と言っています。たしかに調べてみたら土地も財産も何もない、でもよく調べてみたら、AさんはBさんに100万円の代金債権をもっていたということがわかったとします。そこでAさんを問いつめてみたら、今度は「いやいや、たしかに債権をもっているんですが、Bさんは友達なので請求もできないから、そ

のまま放ってあるんですよ」という話になった。あなたは、「いやいや、放っておかないで、Bさんに100万円を請求して、その100万円をこっちに払ってくださいよ」とAさんに言うのですが、Aはなかなかそのとおりに動いてはくれない。だって、Aにしてみれば、Bから回収したってすぐにあなたに持っていかれてしまうのだから、面白くも何ともないわけです。そうすると、知らないうちにAからBへのこの100万円の代金債権が、消滅時効にかかって消えてなくなってしまうことだってありうるわけです。でも、本来はAの債権なのだから、その債権を請求するかしないかは、自分の財産に対してどう管理をするかという問題であって、それこそまさにAの勝手という話になるわけですよね。ですから、いつ請求するとか、放棄するとか、そういうものはすべてAが決めることで、第三者である債権者のあなたは本当は口出しできないはずです。それはやはり1人ひとりの個人は別々だというのが基本的な発想ですから。しかしそれでは、債権者であるあなたにしてみれば、たまったものではありません。

　そこでどういうことができるかというと、あなたはAさんに代わってBさんにその100万円を請求できてしまう。それを債権者代位権といいます。

　ここで、あなたがAさんに対してもっている100万円の債権のことを被保全債権といいます。保全されるべき債権という意味なのですが、それを確実に保全するために、AがBに対してもっている100万円の債権を代位行使するのです。債権者代位権といって、あなたがAに代わって、AがBに対してもっている債権を請求してしまうわけです。ＡＢ間の債権が放っておくと消滅時効にかかりそうだ、そこでそれをくい止めるために、あなたがAさんに代わって請求するわけです。条文は423条です。「債権者は、自己の債権を保全するため必要があるときは、債務者に属する権利……を行使することができる。ただし、債務者の一身に専属する権利及び差押えを禁じられた権利は、この限りでない」と書いてあります。このように、

Ⅶ　債権の履行確保の手段……139

自己の債権を保全するために、その債務者に属する権利を行使することができるという制度のことを債権者代位権というのです。まさにこれも、債務者の責任財産を保全、確保するための手段となります。

(2) 詐害行為取消権

▶▶▶第424条（詐害行為取消請求）
①債権者は、債務者が債権者を害することを知ってした行為の取消しを裁判所に請求することができる。ただし、その行為によって利益を受けた者（以下この款において「受益者」という。）がその行為の時において債権者を害することを知らなかったときは、この限りでない。
②前項の規定は、財産権を目的としない行為については、適用しない。
《以下略》

　それから次に、424条に、詐害行為取消権とよばれる制度が規定されています。「債権者は、債務者が債権者を害することを知ってした行為の取消しを裁判所に請求することができる」と書いてあります。行為の取消しを請求できるといっているわけです。さて、これはどういうことかというと、あなたがAに対してやはり100万円の債権をもっているとします。そして、Aのもとにはいろんな財産があって、いざというときには、たとえばAの自動車を売り飛ばして、それで100万円の債権の弁済にあてようと期待していたと思ってください。ところが、Aはその自動車をBに贈与してしまいました。いざというときにはそれを売り飛ばせばいいと思っていたあなたにしてみれば、困ってしまうわけです。この場合、債権者であるあなたを害することを知りながらやったAB間の贈与を詐害行為とよびます。そして、AがBに贈与してしまったのを「ちょっと待った、この詐害行為は

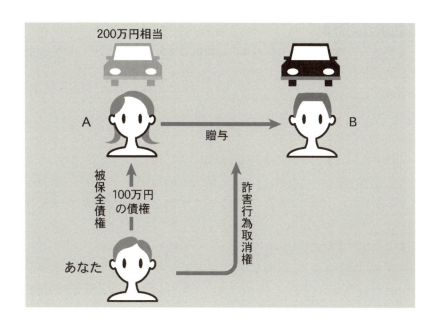

取り消します」と言って、あなたはＡＢ間の贈与契約の取消しを主張することができる、これを詐害行為取消権といいます。

　以上をまとめると、ＢはＡから贈与を受けており、これを放置したのではあなたは債権回収が危なくなります。そこであなたは、Ａの財産に強制執行する前提として、あなたの利益を害するＡＢ間の贈与契約を取り消して、責任財産から離れていった自動車を取り戻したいと考えるでしょう。この場面における取消権が詐害行為取消権です。たとえ債権者でも本来は債務者の行った行為に口を出せないはずですが、責任財産保全の必要性という視点からこのような介入を法が認めているのです。

　このように責任財産を保全して強制執行の準備をするための制度が、債権者代位権と詐害行為取消権です。

(3) 強制執行

　債権者代位権も詐害行為取消権も、債権者であるあなたがいざというときに強制執行しようと思って期待していた財産を保全する、確保するための制度というわけです。それは債権の保全のための制度だというわけで、別の言い方をすれば、いざというときの強制執行のための準備にほかならないということになります。

　このように、債務者の財産の管理や処分は本来債務者の自由であるというのが原則ですが、その例外として、規定の範囲内で、強制執行の準備のために債権者代位権や詐害行為取消権のような、債権者が債務者の財産管理に介入することを認めているということです。

　ところで、強制執行というのはどういう手順で行われるのか、ということですが、債務者のもとにある財産を債権者みんなで山分けにするのが強制執行の基本的な仕組みです。たとえば、甲さんのところに唯一の財産として200万円の自動車があります。そして、あなたは100万円の債権を甲さんにもっています。ところが、甲さんはあちこちから借金をして、他にＡＢＣという各々100万円の債権をもった債権者がいるとします。ですから、甲さんは全部で400万円の借金を抱えている、というわけです。400万円の借金を抱えているけれども、唯一の財産は200万円の自動車だけです。

　さて、そんなときに強制執行されたらどういうことになるか、というと、この200万円の自動車が売り飛ばされて、まず200万円のお金に代わります。そしてその200万円のお金はすべての債権者に平等に分配されるのです。これを債権者平等の原則とよびます。すべての債権者は、自分のもっている債権額の割合に応じて平等に弁済を受ける、という意味です。割合に応じて平等とは、債権の割合に応じて平等に弁済を受けることができるということです。今の例だと、みんな100万円の債権だから、この場合には平等に50万円ずつになるわけです。

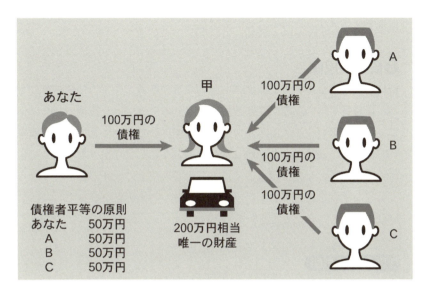

　ですから、たとえば、その債権を取得した順番だとか、債権の金額の多さだとかは関係ありません。大口債権者であっても、債権の割合に応じた弁済を受けられるだけで、他の債権者よりも優先して全額弁済を受けられるというわけではないということです。このことは、実は債権者にとってはけっこう厳しい状況です。というのは、普通なら債権者にしてみれば、たとえば、「私が最初に貸したんですから、私に最初に返してください」「私が一番の大口債権者なんだから、まず私に全額払ってくれ」と言いたいはずです。それが一切言えないわけです。そうすると、債権者にしてみれば、一番最初の債権者だから、大口債権者だからといって安心はできないわけです。いざというときには債権者平等ですから、満足できない危険性が高いわけです。それで、いざというときに確実に回収できる、そのための制度が次に出てくる担保という制度なわけです。ですからこの担保という制度は、実は債権者平等の原則という債権者に不利な制度の弱点を補っ

Ⅶ　債権の履行確保の手段……143

て債権者を保護するためのものなのです。

❹債権の担保

債権者代位権も詐害行為取消権も強制執行の準備なので、強制執行になると、債権者平等の原則により債権者は自分のもっている債権の割合に応じて平等な取扱いを受けるしかなくなります。したがって、債権を全額弁済してもらうことはなかなか難しくなるということは今述べたとおりです。それでは債権者としては困るので、あらかじめ確実に全額の弁済を受けられるような手段を採っておくわけです。あらかじめ担保をとっておけば、一応は安心、ということです。

(1) 担保の概観

担保には、人的担保と物的担保との2種類があります。人的担保とは保証のこと、そして物的担保とは担保物権のことをいいます。

人的担保、保証とは、借金をするときによく「保証人を立てる」というのがそれです。本来債権というのは、だれに請求できるものかというと、もちろん、相手は債務者でした。債権というのは債務者にしか請求できない。だからこそ債務者の財産がないと困るという弱点があったわけです。そこで、債務者以外の人にも請求できるようにしたらいい、というのが人的担保なのです。つまり、請求できる相手を増やすのが人的担保で、保証人という人にも請求できるようにするための制度だと思ってください。債権には債務者にしか請求できないという性質があります。それをカバーするために債務者以外の者にも請求できるようにする制度が人的担保、保証ということです。

具体例でみてみましょう。次頁の図で、AがBに対して代金債務を負っています。これが元になる債務で、主たる債務とか、主債務といいます。

144……第2章　財産法

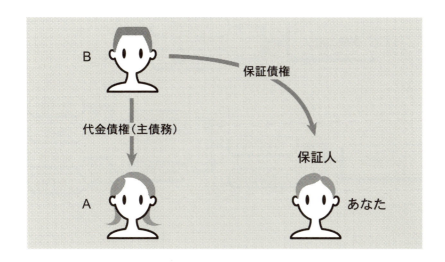

　その代金債務を担保するために、あなたが保証人になったとします。そうすると債権者であるBとあなたとの間で保証契約というものを結ぶことになります。そして、Bがあなたに保証債権をもっている、またあなたは保証債務を負担しているという言い方をします。こうすることで、債権者であるBからすれば債務者以外の保証人にも請求できることになるわけです。

　さて、これで債権者は多少は安心と思いますが、保証人にお金がなかったらやはり困ります。そこで、もう一度話を元に戻して、債務者の財産というものに対してみんなに平等にではなく、私だけに優先的にまず払ってください、という、優先権みたいなものを設定できることが望ましいわけです。そのような優先権のことを、優先弁済権といいます。そして、優先権を設定することを主な目的として設定するのが担保物権というものなのです。まさに、債権者平等の原則の例外を設けるというのが、担保物権の重要な意味になります。

　まず、先ほど述べたように担保には人的担保と物的担保の2つがありま

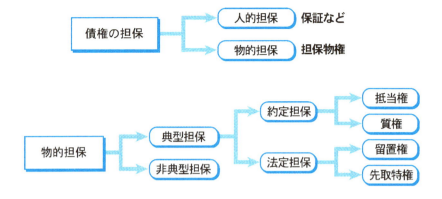

す。人的担保とは保証のことです。保証とは、債権者と保証人との間の契約で生じ、債権者は保証人に対する純然たる債権を取得することになります。債権者は債務者以外の者に対しても請求できる点では安心です。しかし、債務なので、保証人にお金がなかったらやはりどうにもなりませんから、少し不安です。そこで、物的担保を設定します。物的担保というのは、債権の弁済がなされない場合、担保を設定した特定の物を換価して、要するに競売にかけて売り飛ばして、優先的に弁済を受けるというものです。債権者平等の原則の例外として、優先的に弁済を受けることができるのが、この物的担保の大きな特徴です。

物的担保には、当事者の約定によって成立する約定担保物権と、法律の定めに従って成立する法定担保物権の2種類があります。契約によって発生する担保物権、というのが約定担保物権の意味です。それが抵当権と質権です。それから、法律の定めに従って一定の場合に当然に成立してしまう法定担保物権が、留置権と先取特権です。

担保物権をめぐる今日の大きな問題点は、民法が定めている担保物権（これを典型担保物権といいます）だけでは実務の需要を満たすことがで

きないということです。そこで、慣習上の担保物権（これを非典型担保物権、非典型担保といったりしますが、譲渡担保などが典型例です）が生み出されています。

(2) 人的担保

さて、最初に保証についてみていきます。保証は、主たる債務（これを債権者から見て、被担保債権ともいいます）を担保するために債権者と保証人との間で締結される契約、つまり保証契約により生じる契約関係です。ですから、保証債務は主たる債務とは別個独立の債務です。ですが、保証はあくまで担保として機能することから、保証特有の性質があります。簡単に言えば、主たる債務に従属している、ということです。

145頁の図をもとに具体例で検討しましょう。

AはBから印刷機械1台を100万円で買い受ける売買契約を結び、あなたがAの代金支払債務について保証人となったとします。しかし、AB間の売買契約はBの詐欺によるものであったため、AはAB間の売買契約を取り消した。にもかかわらず、債権者のBがAに請求したら、Aは「取り消したのですからもう払いません」と支払いを拒絶することができます。そこで、仕方がないので債権者のBは、こっそり保証人であるあなたに請求に来たとします。そんなとき、あなたは何も知らないで払ってしまうこともあるかもしれません。しかし、少し調べてみたら、どうもAが契約を取り消したらしいということがわかりました。にもかかわらず、あなたはBに代金を払わなくてはいけないのだろうか、という問題が出てくるわけです。121条でみたとおり、主債務は取り消していますから最初からなかったことになります。そこで、保証債務はどうなるのだろうか、という問題が出てくるわけです。

そのときに主債務はAB間の契約で生じています。これに対して、保証

VII 債権の履行確保の手段……147

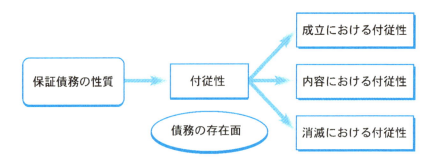

債務は、あなたとBとの間で生じている、一応別個の独立した債務なのです。主債務と保証債務は一応別の債務なんだ、ということはしっかり知っておいてください。とすると、あなたの保証債務はAB間の契約が取り消されたからといって関係なく、消滅しないということになりそうです。しかし、あなたはAの代金支払債務を保証したのであって、Aの代金支払債務が消滅したということは、保証の対象がなくなるわけです。したがって、あなたの保証債務もやはり消滅する。これを保証の付従性といいます。

　ここで、確認しておきたいことがあります。それは、主債務、つまり被担保債権を保証するために、Bはあなた、つまり保証人に対して保証債権をもっているというように、保証契約というのはそもそも債権者と保証人との間で結ばれる契約だということです。どうしてそんなことを強調するのかというと、普通、保証人になるといった場合、債務者から頼まれて保証人になることがほとんどです。AがBから何か借金をするとか、代金債務を負うという場合に、Bが「保証人を立ててもらえませんか」と言うわけです。そこで、Aは「わかりました、探してみます」とか言って、債務者であるAがあなたのところに来て、「申し訳ないけれども、保証人になってもらえないかな。迷惑はかけないから」と頼みます。そうするとあなたは、ハンコを押して保証人になるわけです。このように、普通は主債務者

キーワード　契約締結時の情報提供義務
主債務者と保証人との間でどのような話があったかは、債権者には関係ないのが原則である。しかし、例外として、契約締結時の情報提供義務（465条の10）違反の場合があげられる。主債務者は、事業のために負担する債務を主債務とする保証等を委託する場合には、委託を受ける者に対し、自身の財産状況等に関する情報を提供する義務

から頼まれて保証人になることが多いのです。ですが、契約はあくまでも債権者と保証人との間で行われる、ということです。

たとえば、債務者が銀行からお金を借りるときに、銀行から「保証人を立てろ」と言われたので、友達に「申し訳ないけれどもちょっと保証人になってくれないか。絶対に迷惑はかけないから、ハンコだけ押してくれればそれでいいから」と頼んで保証人になってもらったとします。ところが、何年かたって、その債務者がお金を払えないということになって、銀行は保証人に請求してくる。そこで、保証人は「ちょっと待って、私は『迷惑をかけないから』と友達に頼まれて、仕方なくハンコを押したんです。それなのにこんな迷惑をかけられるんじゃ、困ります」と言いたくはなるのだけれども、それは許されません。主債務者と保証人との間でどんな交渉があったかということは、債権者つまり銀行との間では、原則として、一切関係ないということになります。銀行のほうは、「それはあなたと主債務者との間の話でしょう、ウチとは関係ありませんよ」ということになるわけです。あくまでも、保証人は債権者と契約をしたのであって、その保証契約をする際の事情とか動機は銀行側にとってまったく関知するところではないのです。

というわけで、保証の場合には、保証人は主債務者からだまされて、保証契約をするという場面が多々あるのです。そしてその場合、保証人としてはそう簡単には、「債務者にだまされたのだから取り消します」とか、「あれは錯誤でした」とは言えないのが普通です。ですから、債務者から頼まれたとしても、保証契約はあくまでも債権者とあなたとの間で別個にやっているのだということはぜひしっかり頭に入れておいてください。よく、一般的に「保証人にはなるものじゃない」などといわれます。迷惑をかけないと言われても、本当に迷惑をかけないようなら保証人はいらないわけです。というのは、迷惑をかけるときに、肩代わりしてもらうのが保証人

を負う（465条の10第1項）。主債務者が情報提供義務を怠った場合において、債権者がそれを知りまたは知ることができたときは、保証人は、保証契約を取り消すことができる（465条の10第2項）。

Ⅶ　債権の履行確保の手段……149

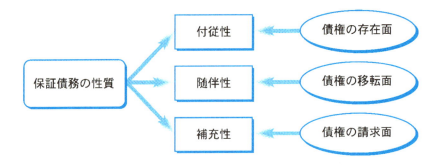

というものなのですから。

　なお、このような片面的な義務を負う保証人を保護するため、民法446条2項は、保証契約は書面によってなさなければその効力を生じないと規定しています。保証する意思が、書面によって外部的にも明確になっている場合にかぎり、契約の拘束力を認めようとするものです。

　さて、保証債務には以下の性質があります。

　まず第1に、付従性があります。付従性とは、成立における付従性、内容における付従性、消滅における付従性、といったものがあるのですが、成立における付従性は、主たる債務がなければ保証債務は成立しない、ということです。あくまで主債務があって初めて保証債務は意味がある。内容における付従性は、保証債務が主たる債務より重くなることはない、債務が100万円なのに保証債務が200万円ということはありえない、ということです。そして、消滅における付従性は、主債務が消滅すれば保証債務も消滅する、ということです。こんなことを付従性というのだ、とイメージをもってください。主債務と保証債務が存在の面において関係している、関連しているというのが付従性のイメージです。

　第2に、随伴性というものがあります。随伴性とは、主債務が債権譲渡された場合、保証債務だけ残っていても意味がないから、保証債務も一緒

キーワード　保証債務の性質
第1に、付従性がある。付従性は、成立における付従性（主たる債務がなければ保証債務は成立しない）、内容における付従性（保証債務が主たる債務より重いことはない等）、消滅における付従性（主たる債務が消滅すれば保証債務も消滅する）に分けられる。第2に、随伴性がある。随伴性とは、主債務が債権譲渡されれば、保証債務も一

に移ってくるということです。ですから、先ほどの話でBさんが代金債権をだれかに債権譲渡したとする。そうすると保証債権も一緒に移ってくる。これを随伴性といいます。

付従性と随伴性の区別はできるようにしておきましょう。付従性というのは存在の話です。随伴性というのは移転するときの問題です。よく似ているけれども、成立とか消滅するとか、主債務の存在にかかわるようなのが付従性、それから主債務の移転に関する部分のところが随伴性、ということになります。主債務の存在にかかわるところと移転にかかわるところで、どちらもくっついている、一緒だという点ではよく似ているのです。

第3に、補充性というのがあります。補充性とは、主たる債務者が履行しないときに初めて履行しなければならない、という性質のことをいいます。補充という文字を見てわかるように、補って充たす、という意味で、第2次的な性質です。ですから債権者は、まず主債務者に請求します。主債務者が払えないときに保証人に請求する、という第2次的な責任が、補充性という言葉の意味だと思ってください。

ただ、保証の中には、連帯保証というものがあります。連帯保証の場合には、この補充性がありません。補充性がないというのはどういうことかというと、債権者からいきなり請求されてしまうわけです。主債務者がダメなときに保証人、というのでなくて、いきなり保証人に請求できてしまう、連帯保証とはそういう制度なのです。

以上が人的担保、保証の基本的な話です。

（3）物的担保

次に、抵当権を中心とした物的担保の話をしていきます。

緒に移っていくということである。保証だけ残っても意味はないことから、認められる。第3に、補充性がある。補充性とは、主たる債務者が履行しないときに初めて履行しなければならなくなる、ということである（その具体的あらわれとして、452条の催告の抗弁権と453条の検索の抗弁権とがある）。ただ、あらかじめ合意で補充性を排除することもできる。そのような保証は、連帯保証とよばれる。

Ⅶ　債権の履行確保の手段……151

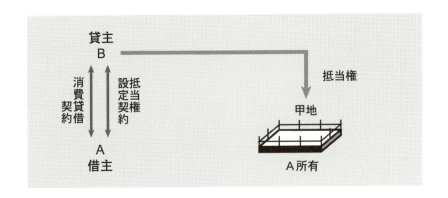

a．抵当権

▶▶▶第369条（抵当権の内容）
①抵当権者は、債務者又は第三者が占有を移転しないで債務の担保に供した不動産について、他の債権者に先立って自己の債権の弁済を受ける権利を有する。
②地上権及び永小作権も、抵当権の目的とすることができる。この場合においては、この章の規定を準用する。

　まず、抵当権です。上の図でみていきましょう。
　BがAにお金を貸したとします。この借金は消費貸借契約といいます。貸借というのは貸し借りです。そこに消費というのがつくわけですが、その意味は、借りたお金を消費していいからです。借りたお金はもう使ってしまっていいのです。それで、期日になったら、同種・同等・同量のものを返す必要があるだけの話です。借りたもの自体を返す必要はありません。借りたお金と同種・同量・同等のものを返せばいいのです。そこが賃貸借とまったく違うところです。賃貸借は借りたものそのものを返さなくてはいけないのだけれども、消費貸借は借りたものは使ってしまっていいわけです。このように、お金の貸し借りは消費貸借契約ということになります。

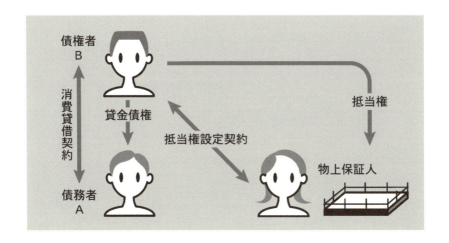

さて、その消費貸借のときに、抵当権設定契約という契約をして、Aが甲地に抵当権を設定したとします。抵当権の設定とは何だろうというと、それは効果のほうから考えていくとわかりやすいのですが、その土地の経済的な価値を把握した、ということです。それはつまり、いざAさんが借金を返さないときには甲地を売りに出します。競売にかけてお金に換えてしまうわけです。抵当権者であるBは、甲地の経済的な価値を把握していたのだから、甲地がお金になったときにそこから優先的に弁済を受けることができる、それが抵当権という制度なのです。

それでは、どういうときに優先弁済を受けることができるのかをみてみましょう。まず、AとBの間でA所有の土地について抵当権設定契約が結ばれます。ただし、抵当権設定者は必ずしも債務者自身である必要はありません。債務者以外の第三者が抵当権を設定する場合があります。たとえば、上の図のように、自分の土地に抵当権を設定してもいいよ、と土地を提供してくれた場合、土地を提供した人のことを物上保証人といいます。そして、こうした抵当権設定のときには登記がなされます。

VII 債権の履行確保の手段……153

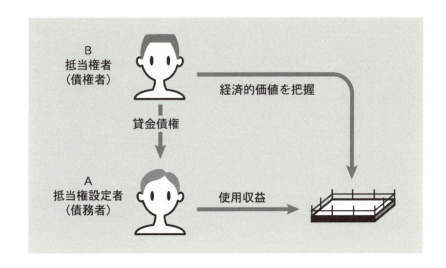

　さて、抵当権が設定されました。ですが、抵当権が設定された後であっても、抵当権が実行されるまでは、抵当権の目的物に居住したり、従来どおり使用を続けることができます。すなわち、抵当権を設定してもその目的物の占有は設定者のもとに残っています。抵当権者がその土地を占有支配するわけではありませんので、非占有担保などといわれます。そのため今までどおり、設定者が占有し続けることになります。ここで設定者というのはAさんで、債務者側が設定者、これに対してBさんの側が抵当権者となります。こんなふうに抵当権設定者である債務者の側がずっと土地を使い続けることができる、これが抵当権の大きな特徴です。今までどおり土地や建物を使い続けながら、不動産を担保に入れることができるという、とても便利なものなのです（上の図参照）。

　Aはそんなふうにして甲地の使用収益を続けることができるのですが、ここで、もし甲地の価格がBに対する債務の額を上回っているのであれば、同じ土地に重ねて別のCさんの抵当権を設定することもできます（次頁上

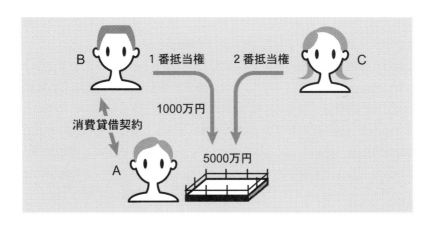

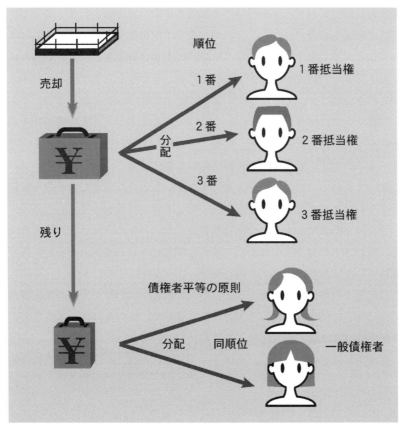

Ⅶ 債権の履行確保の手段……155

の図）。抵当権というのは先ほどもいったとおり、目的物の経済的な価値を把握するわけです。では、どれくらいの価値を把握したのかというと、それはその被担保債権の額までの価値を把握した、ということです。

　仮に甲地が5000万円ぐらいの価値のある土地として、ＢとＡとの間の1000万円の消費貸借のために抵当権を設定したとしましょう。そうするとＢさんが抵当権で把握しているのは、5000万円の土地のうちの1000万円の部分だけです。その土地の5000万円のうちの1000万円を除いた残りの4000万円の部分はまだ価値が残っているわけです。そうすると、その部分に対して、２番抵当権というものを設定することができます。

　このように抵当権というのは、１番、２番、３番、４番…と、不動産の値段が高ければいくらでも設定できることになっているのです。要するにそれだけ価値が高ければ、たとえ何十番目の抵当権でも一応意味があるということです。順位というのはどういうことかというと、土地がいざというときに売り飛ばされてお金になった場合、その中からまず１番抵当権者が弁済を受けます。それでまだお金が残っていれば、次に２番抵当、なおかつ余りがあれば３番抵当、といくわけです。ですから、その目的物の価値が高ければ高いほど、１番、２番、３番とたくさん付く可能性がある、ということです。そんなふうに抵当権の順位はもちろん上のほうがいいに決まっているわけで、順位が下のほうだといざというときになかなか回収できない、ということになったりします（前頁下の図）。

　さて、上の例で、もしＡが借金を弁済しないときは、Ｂは裁判所に抵当権の実行を申し立てます。そして抵当権が実行されれば、その土地に設定されていた抵当権はすべて消滅してなくなります。その代わりに、売却代金は裁判所の作成した配当表に従って、債権者の抵当権などの担保物権の順位に従って抵当権者に優先的に配当されます。その残りは一般債権者に分配され、これは債権者平等になるわけです。

156……第２章　財産法

したがって、抵当権がないと、最後のほうでしかもみんな平等になってしまいますから、これはかなり厳しい状況です。そして、配当に参加したすべての債権者に弁済して、なお残りがあれば債務者に返還される、ということになるわけです。これが抵当権の実行です。

　抵当権というのは、まず優先権を把握している、それから抵当権は設定者のもとに占有を残す、という２点が大きな特徴ということになります。別な言い方をすれば、非占有担保であるということと優先弁済権があるという２つが抵当権の特徴なのです。

　抵当権の条文は369条です。「抵当権者は、債務者又は第三者が占有を移転しないで債務の担保に供した不動産について、他の債権者に先立って自己の債権の弁済を受ける権利を有する」と書いてあります。この中で、「占有を移転しないで」、それから「他の債権者に先立って」という２か所が重要なところだということです。

b．質権

▶▶▶第342条（質権の内容）
質権者は、その債権の担保として債務者又は第三者から受け取った物を占有し、かつ、その物について他の債権者に先立って自己の債権の弁済を受ける権利を有する。

　次は質権です。これも約定担保物権で、質権設定契約という契約で設定します。これは、街に質屋さんというものがあります。お金がなくなった、というときに、それまで自分がもっていたギターだとか、カメラだとかを質屋さんに預けてお金を借りる、というものです。

　質権は、質屋さんに目的物の占有を移します。それで、質屋さんとしては、そのお客さんに貸したお金、つまり借金の弁済がなされないときには、その質にとった目的物を売り飛ばしてお金に換えて優先弁済を受けることができます。このように占有が移転するのが質権の大きな特徴です。もう

Ⅶ　債権の履行確保の手段……157

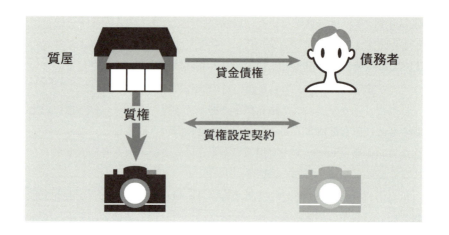

　1つは、優先弁済権をもつということです。この２つが質権の大きな特徴です。
　さて、お金を借りた債務者のほうは、カメラでも何でもいいですが、その物を質屋さんに持っていってしまいました。ということは、占有が移転しましたから、自分では使えません。それはどういうことかというと、質権者のほうからすれば、目的物を留置することで弁済を間接強制していることになる、といえます。この弁済の間接強制というのはイメージをもてるようにしてください。質屋さんのほうにしてみれば、「お客さん、カメラを返してほしいなら、借金を返してください」ということが言えるわけです。このように物を留置しておくことによって、心理的・間接的にお客さんに借金の弁済を強制していることになる、ということです。
　そんなわけで質権の特徴は２つです。占有を質権者に移転する、それから優先弁済権がある。条文は342条です。「質権者は、その債権の担保として債務者又は第三者から受け取った物を占有し、かつ、その物について他の債権者に先立って自己の債権の弁済を受ける権利を有する」。このよう

に質権は、「占有」というところと「他の債権者に先立って」というところが特徴です。抵当権と質権は約定担保物権ですから、そういう契約をして初めて成立することになります。

c．留置権

▶▶▶第295条（留置権の内容）
①他人の物の占有者は、その物に関して生じた債権を有するときは、その債権の弁済を受けるまで、その物を留置することができる。ただし、その債権が弁済期にないときは、この限りでない。
②前項の規定は、占有が不法行為によって始まった場合には、適用しない。

それに対して、留置権というのは法定担保物権です。今度は被担保債権の弁済があるまで目的物を留置しておくことができる。ただそれだけで、優先弁済権がないのが特徴です。

さて、留置権とはどのようなものかというと、たとえばカメラ屋さんにカメラの修理を頼みました。そしてカメラ屋さんはこれを直した。そうしたら修理代金が1万円かかりました。カメラ屋さんとしては、当然修理代金1万円を払ってもらいたいわけです。ところが、お客さんが「ちょうど持ち合わせがないので、この次に持ってきます」と言ったとき、カメラ屋さんとしては「ちょっと待ってください、修理代の1万円を払ってもらうまでは、カメラはお返しできません。私が預っておきます」と言えるわけです。1万円のカメラの修理代金を担保するためにそのカメラを留置しておける権利、それを留置権というのです。

このとき、特にお客さんとの間で、留置権の設定契約というものはありません。今のような場面では、法律上当然に発生してしまうのです。このように、預かっている物、目的物に対して、その物と関連して何か債権が発生したときに法律上当然に発生してしまうのが、留置権というものです。

Ⅶ　債権の履行確保の手段……159

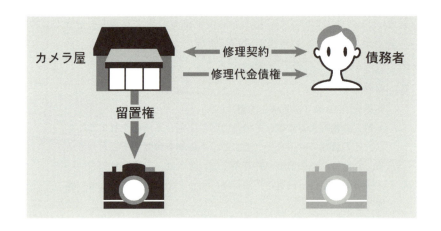

　さて、どうしてそれが担保になるんだ、と思うかもしれませんが、それは質権と同じです。お客さんのほうにしてみれば、代金を払わないとカメラを返してもらえない。逆に、債権者であるカメラ屋さんのほうからすれば、その修理代金債権というものに対して物を留置することによって、いわば間接的に支払いを強制することになる、というわけです。ただ、この留置権では、質権とは異なり、目的物を売却して優先弁済を受けることはできません。

　ただ預かっているだけで、法定担保物権なわけですから、この留置権はあちこちの場面で出てきます。今、修理代金という話をしましたが、実は自分が保管している物に関して債権が発生すればいいので、たとえば、売買契約などの場面でも留置権は当然に発生します。

　仮に、100万円の自動車の売買契約をしたとします。お客さんとの間で契約が成立したときに、ディーラーの側としては100万円のその自動車を預かっている形になります。お客さんがその自動車を早く渡してください、と言ってきたときに、ディーラーとしては「100万円の代金を払ってもらえ

るまではこの自動車は渡しません」と留置することができるのです。それが留置権です。

条文は295条になります。「他人の物の占有者は、その物に関して生じた債権を有するときは、その債権の弁済を受けるまで、その物を留置することができる」。このように、その物から生じた債権の弁済を受けるまでその物の占有ができるという、留置的効力が定められています。

売買契約のような双務契約においては、留置権は実際上、同時履行の抗弁権と同じようなはたらきをするということです。別の言い方をすれば、売買契約の際には同時履行の抗弁が発生、成立するけれども、留置権もまた発生している、ということになります。このように留置権というのは、売買契約の場面で同時履行の抗弁と同じような役割を果たすのだと思ってください。同時履行の抗弁は双務契約という債権的な話、留置権のほうは物権の話、と両者は性質が違います。しかし、代金を払うまでは自動車を渡しません、という意味で、内容はほとんど同じです。双務契約という債権の関係から出てくる同時履行の抗弁権と、物権から出てくる留置権の2種類ある、ということです。

d. 先取特権

> ▶▶▶第303条（先取特権の内容）
> 先取特権者は、この法律その他の法律の規定に従い、その債務者
> の財産について、他の債権者に先立って自己の債権の弁済を受け
> る権利を有する。

先取特権は、法律に定めた一定の債権を担保するために定められた、優先弁済権が生じる法定担保物権です。

たとえば、会社の従業員は、会社に対して賃金債権というものをもっています。さて、この会社が倒産してしまったときに、当然、会社に対しては、銀行だとか取引先だとか、いろんな債権者がいるわけです。このとき

VII　債権の履行確保の手段……161

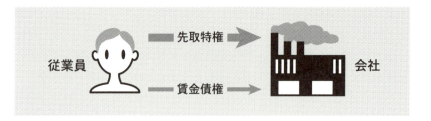

に、債権者平等ということになってしまったら、会社がもっていた財産が銀行だとかいろいろな債権者の間で平等に分配されてしまい、銀行の債権が1億円、従業員の賃金債権は30万円、とその債権額に応じて平等に払うことになってしまいます。とすれば、従業員の賃金債権はほとんど回収できないことになってしまうのです。それでは従業員が生活していけないので、他の債権者よりも従業員を特に保護する必要があるのではないか、と民法は考えて、この従業員には優先権を与えようということにしたのです。そして法律上当然に、そういう先取特権が発生することになります。

　これは従業員の賃金債権のための先取特権、と民法の条文に書いてあるのですが、ほかにもこんなときにはこういう人に優先権があります、という形で民法の条文に20条ぐらい書いてあります。そして、そういう条文にあてはまれば当然に優先権が発生するのです。先取特権とは、まさに先に取っていくという特権を法律上与えられる担保物権だ、ということです。

　条文は303条です。「先取特権者は、この法律その他の法律の規定に従い、その債務者の財産について、他の債権者に先立って自己の債権の弁済を受ける権利を有する」。このように、本法そのほか法律の定めに従って、優先的に弁済を受ける権利を有します。「先立って」、「自己の債権の弁済を受ける権利を有する」というのが先取特権です。

　以上が担保物権の概略です。特に優先弁済的効力と留置的効力に着目して4つの担保物権の違いを整理しておいてください。

追い出し屋

2008年秋頃から、敷金・礼金がいらない、いわゆる「ゼロゼロ物件」で賃料支払いを少しでも怠ると強引に施錠されて「追い出し」をかけられる「追い出し屋」被害が増えています。

通常、敷金が交付されている場合において、賃借人が賃料の支払いを怠ったときは、賃貸人は預かっている敷金を賃料の支払いにあてることができます。しかし、ゼロゼロ物件の場合、敷金が交付されていないので、賃貸人は敷金で未払い賃料をまかなうことができません。

そこで、いわゆる「保証会社」と契約し、賃料支払を保証してもらいます。保証会社は一刻も早く立ち退かせないと赤字になるので、鍵を換えて入れなくするなどきわめて強引な方法で追い出しにかかるわけです。

賃借人が家賃の支払いを滞納した場合、賃貸人や保証会社としては、法的な手続にのっとって賃借人に賃貸物件から退去してもらう必要があり、鍵を強引に換えて中に入れなくなるようにするといった方法で強制的に賃借人を追い出す行為は、不法行為といえます。裁判例では、「本件居室の所有者かつ賃貸人である被控訴人による本件各鍵交換は、法律の定める手続によらずに、一方的に本件居室の賃借人である原告の居住を妨げる違法な行為である」とし、鍵交換を不法行為と認定して、損害賠償請求を認容したものもあります（大阪地判平21年11月13日）。

Ⅶ　債権の履行確保の手段……163

理解度クイズ⑦

1 債権者が、債権を確実に回収するための方法として適当でないものはどれか。

① 代物弁済

② 債権譲渡

③ 危険負担

④ 詐害行為取消権

⑤ 抵当権

2 A君はB君に対して貸金債権をもっている。この債権をあなたに譲渡するために必要なのはどれか。

① 新たな債権者であるあなたの一方的な意思表示

② もとの債権者であるA君の一方的な意思表示

③ あなたとA君との間の契約

④ あなたとB君との間の契約

3 次の中で、債権保全の制度ともっとも関係の薄いものはどれか。

① 責任財産

② 債務者の財産管理の自由

③ 債権者代位権

④ 強制執行の準備

⑤ 対抗要件

164……第2章　財産法

4 主たる債務が譲渡されたら、保証債務も一緒に移っていく、という
性質を何というか。

① 付従性

② 随伴性

③ 補充性

5 債務の弁済がなされない場合に特定の物を換価して優先的に弁済を
受ける、という担保はどれか。

① 所有権

② 抵当権

③ 連帯保証

④ 相殺

⑤ 横取特権

6 抵当権について誤っているのはどれか。

① 物的担保である

② 法定担保物権である

③ 優先弁済が受けられる

④ 通常、抵当権の登記がなされる

※解答は巻末

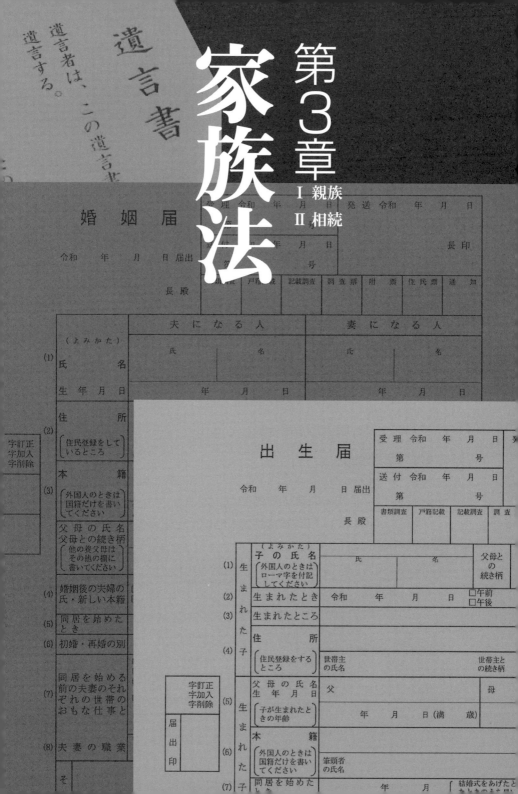

第3章 家族法

Ⅰ 親族
Ⅱ 相続

所有・売買・賃貸借などの財産関係を規律する法が財産法であったのに対し、夫婦・親子・兄弟姉妹などの身分関係を規律する法が家族法です。家族法は、身分関係を規律する親族法と、身分に基づく財産承継を規律する相続法とに分かれます。

I 親族

家庭・家族関係をめぐって紛争が生じた場合に、その解決の基準を与え、国が後見的に介入する必要を生ずる場合の基準を与えるのが親族法です。

親族法の分野においては、財産法でみてきた考え方が妥当しない場合があります。たとえば、親族法における身分関係では本人の意思が尊重され、財産法のように取引の安全のために本人の利益が制限されるということがありません。また、原則として代理にもなじみません。また、戸籍制度があるため届出などの一定の要式が重視されます。

親族法では、①総則、②婚姻、③親子、④親権、⑤後見、⑥扶養、といったことを学びます。特に②婚姻と③親子の2つが重要になりますので、親族法の基本概念とともに少し概観しておきましょう。

❶親族の範囲

さて、まず親族の範囲からみてみましょう。725条で、①6親等内の血族、②配偶者、③3親等内の姻族が親族とされています。

血族とは、出生によって血縁につながる者、つまり血のつながりがある者のことです。これに対して、姻族とは、婚姻を通じて配偶者の一方と他方の血族との間に生じる関係をいいます。

また、配偶者とは、婚姻によって夫婦となったものをいいます。血族関係において、血統が上下につながる関係を直系といいます。親子や祖父母

> **キーワード** 直系尊属・直系卑属
> 祖父母・父母・子・孫のようにある者を中心にして世代が上下に直線的に連なる血縁者を直系血族といい、兄弟・おじおば・いとこなどのようにある者の共同の祖先を介して連なる血族を傍系血族という。血族の中で、自分より先の世代にある者（父母・祖父母など）を尊属といい、後の世代にある者（子・孫）を卑属という。

168……第3章　家族法

親族の範囲

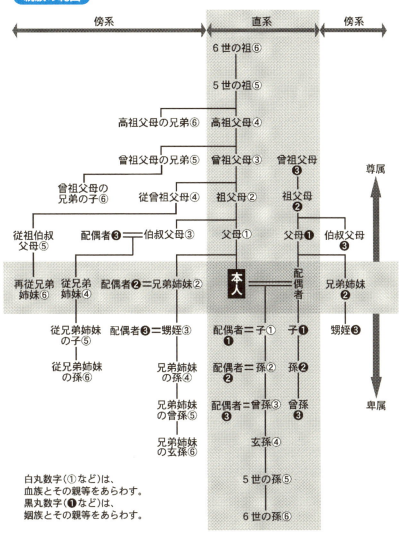

と孫などです。これに対して、共同の祖先から枝分かれしている血統を傍系といいます。兄弟姉妹は父母を共同の祖先としており、いとこは祖父母を共同の祖先としているので傍系です。

そして、親等とは、親族間の遠近を示す単位ですが、1つの親子関係（世代）を単位として算出します。父母と子が1親等、祖父母と孫が2親等というように、本人から遠くなるほど数が増えていきます。また、傍系親族はそれぞれの共同の祖先に遡る世代数を合計して決めます。兄弟姉妹は2親等、おじ、おば、めい、おいは3親等になります。ちなみに、配偶者に親等はありません。

姻族関係は、離婚や婚姻の取消しの場合には当然に終了しますが、一方の配偶者の死亡または失踪宣告によって婚姻が解消した場合には、他方の配偶者が姻族関係終了の意思表示をしたときにかぎって終了します。つまり、配偶者の意思しだいで、姻族関係を消滅させることも存続させることもできるわけです。728条2項がその旨の規定をおいています。

また、注意しなければならないのは、姻族関係が終了しても、必ずしも氏は婚姻前に戻るわけではないということです。すなわち、離婚や配偶者の死亡の場合にも、本人の意思しだいで、それまでの氏をそのまま使うことが認められています（767条、751条）。基本的に民法では氏と親族関係は無関係です。

❷婚姻

次に婚姻についてみましょう。婚姻は婚姻届によって初めて効果が生じます。739条1項が、「婚姻は戸籍法（昭和22年法律第224号）の定めるところにより届け出ることによって、その効力を生ずる」としてその旨を定めています。もっとも、婚姻の成立要件としては、この届出という形式的要件のほかに、実質的要件として、当事者間の婚姻意思の合致が必要です。

踏んだり蹴ったり判決
有責配偶者の離婚請求

有責配偶者とは、婚姻破綻をみずから招いた者、すなわち愛人と同棲を始めて家を飛び出した夫（もしくは妻）のような者のことをいいます。このような勝手に愛人をつくり同棲を始めた夫から、特に非のない妻に対して、離婚請求が許されるかが判例上も何度か問題になりました。

まず、基礎知識を整理しておきましょう。民法770条1項5号は、「その他婚姻を継続し難い重大な事由があるとき」には、離婚の訴えが提起できるとしています。ただ、婚姻破綻をみずから招いた者（有責配偶者）の離婚請求を認めるべきか否かについては、明文の規定はおかれていません。そこで、判例・学説に委ねられているわけです。

最判昭和27・2・19は次のように判示しました。「上告人（夫）さえ情婦との関係を解消し、よき夫として被上告人（妻）のもとに帰り来るならば、何時でも夫婦関係は円満に継続し得べき筈」であり、これをもって「婚姻を継続し難い重大な事由」にはあたらないとして、夫からの離婚請求を退けました。そして、判決の中で「もしかかる請求が是認されるならば、被上告人（妻）はまったく俗にいう踏んだり蹴ったりである。法は、かくの如き不徳義勝手気儘を許すものではない」、「妻ある男と通じてその妻を追い出し、みずから取って代わらんとするが如きは始めから間違って居る」と述べました。

その後、30余年を経て、最大判昭和62・9・2では、夫の不貞による別居後約36年経過した事案で、次のように述べ、同じような夫からの離婚請求の可能性を認め注目を浴びました。

「有責配偶者からされた離婚請求であっても、夫婦の別居が両当事者の年齢及び同居期間との対比において相当の長期間に及び、その間に未成熟の子が存在しない場合に、相手方配偶者が離婚により精神的・社会的・経済的にきわめて苛酷な状態におかれる等離婚請求を認容することが著しく社会正義に反するといえるような特段の事情の認められない限り、当該請求は、有責配偶者からの請求であるとの一事をもって許されないとすることはできないものと解することが相当である」。

I　親族……171

この婚姻意思は実質的なものが必要です。したがって、本心から夫婦になる気はなく単に国籍を取得するためだけの婚姻などは無効になります。

　また、婚姻と似たものに内縁がありますが、これは社会的には夫婦と認められているにもかかわらず、法の定める婚姻の届出手続をしていないため、法律的には正式の夫婦と認められない男女の関係をいいます。内縁は事実上、婚姻関係と変わらない実体を有しているので、基本的に婚姻について定めた規定を準用します。しかし、届出を前提とするような効果、すなわち夫婦の氏の統一（750条）や姻族関係、成年擬制（753条）＊は生じません。そして、相続権は発生しません。

　婚姻を解消することを離婚といいますが、日本では協議離婚、調停離婚、審判離婚、裁判離婚が認められています。当事者の話合いで離婚がまとまればそれを届け出ることで離婚は成立します。協議が整わないときは家庭裁判所における調停によって離婚が成立することがあります。ただ、これも当事者が合意しないとだめです。さらに、家庭裁判所は審判で離婚させることができます。ただ、これも当事者が2週間以内に異議を述べるとその効力が失われるので弱い力しかもちません。そして最後は、裁判離婚となります。裁判離婚は相手方の有無を言わさず離婚することになるので強力です。しかし、770条に書いてある離婚事由がないと離婚を認めてもらえません。それは①不貞行為、②悪意の遺棄（捨てられることです）、③3年以上の生死不明、④強度の精神病、⑤その他婚姻を継続しがたい重大事由があるときです。最近は、婚姻の破綻に責任がある有責配偶者からの離婚請求も一定の要件のもとで認められるようになりました。

❸親子

　婚姻と並んで親族関係で問題となるのが、子どもが生まれた場合の扱いです。婚姻関係にある男女間に懐胎、出生した子を嫡出子といいますが、

＊　成人擬制（753条）は2022年4月1日
　以降は改正によりなくなる。

内縁関係中に生まれた子は嫡出子ではなく、非嫡出子とよばれます。そして、その生まれた子と父との間の非嫡出父子関係は認知という手続をすることによって生じます。つまり、認知しないかぎり法律的には自分の子どもだといえないのです。相続もできません。父が認知した非嫡出子は、従来父を相続できるのですが、嫡出子とは違った不利な扱いを受けることになっていました。相続分が嫡出子の半分しかなかったのです。しかし、この点について、最高裁（最大決平成25年9月4日）は、相続分が半分しかないとする旧民法900条4号ただし書規定は遅くとも平成13年7月当時において平等権を定めた憲法14条1項に違反していたと判断しました。現在では、民法900条4号が改正されたため、相続分について嫡出子と非嫡出子との間に違いはありません。

さらに、非嫡出子も準正という制度によって嫡出子の身分を取得することがあります（789条）。準正とは、父母の婚姻を原因として、非嫡出子を嫡出子へ昇格させる制度のことをいいます。

また、親子関係では、実子のほかに、親子関係のない者同士を法律上親子とみなす「養子」という制度があります。この養子縁組も婚姻と同様、届出によって成立します（799条）。通常は養子縁組が成立しても養子と実親との関係は引き続き継続しますが、実方との親族関係を断絶し、戸籍上も養親の実子として取り扱う特別養子制度というものもあります（817条の2）。

民法は、ここ15年あまりの間にさまざまな改正がありました。2004（平成16）年に現代語化を中心とする改正が、その後、親権の喪失の制度等や未成年後見制度等の見直しなどに関する2011（平成23）年の改正、非嫡出子の相続分を嫡出子と同じにする2013（平成25）年の改正、再婚禁止期間の短縮に関する2016（平成28）年の改正、債権法に関する2017（平成29）年の改正、相続に関する2018（平成30）年の改正、そして、特別養子制度

Ⅰ　親族……173

の対象年齢の拡大等に関する2019（令和元）年の改正がありましたが、更に改正の動きがあります。たとえば、現在は結婚するとその夫と妻は共通の１つの姓を名乗らなくてはいけないのですが、夫婦別姓を選択することができることにしたらどうかというような議論が進められています。

再婚禁止期間の違憲判決

民法733条１項は、「女は、前婚の解消又は取消しの日から６箇月を経過した後でなければ、再婚をすることができない」と規定していました。このような、離婚した男女のうち女性にだけ再婚を６か月間禁止する規定を設けた趣旨は、父性の推定の重複を回避し、父子関係をめぐる紛争を未然に防ぐことにあるとされています。

しかし、最高裁判所において上告人は、772条は、婚姻の成立の日から200日を経過した後または婚姻の解消等の日から300日以内に生まれた子を当該婚姻にかかる夫の子と推定していることから、前婚の解消等の日から300日以内で、かつ、後婚の成立から200日の経過後に子が生まれる事態を避ければ父性の推定の重複を回避することができる。そのためには、100日の再婚禁止期間を設ければ足りるから、少なくとも、本件規定のうち100日を超えて再婚禁止期間を設ける部分は、女性に対し婚姻の自由の過剰な制約を課すものであり、合理性がないなどと主張しました。

最高裁判所大法廷は、733条１項の規定のうち100日を超えて再婚禁止期間を設ける部分は、平成20年当時において、憲法14条１項、24条２項に違反するに至っていたとする初めての判断を示しました（最大判平成27年12月16日）。妥当な判断であり、これによって民法733条１項の規定は、見直され、2016年６月に改正されました。

なお、同日、最高裁大法廷は、「夫婦は、婚姻の際に定めるところに従い、夫又は妻の氏を称する」と規定する750条の規定について、夫婦同姓の制度は我が国の社会に定着してきたもので、家族の呼称として意義があり、その呼称を１つにするのは合理性があるなどとして憲法13条、14条１項、24条に違反しないという初めての判断をしました。15人の裁判官のうち10人が合憲としましたが、他方で、女性裁判官３人を含む５人が違憲という意見を表明しています。今後も、夫婦が同じ名字にするか別々の名字にするかを選べる「選択的夫婦別姓」の導入の必要性をめぐって議論が続きそうです。

174……第３章　家族法

Ⅱ 相続

　人が死亡すると、その財産的権利義務はすべて自動的に一定の親族によって承継されます。これを相続とよびますが、相続法ではこの相続をめぐる法律関係を学ぶことになります。

　相続法は、①総則、②相続人、③相続の効力、④相続の承認および放棄、⑤財産分離、⑥相続人の不存在、⑦遺言、⑧配偶者の居住の権利、⑨遺留分、⑩特別の寄与に分かれています。この中で、②相続人、③相続の効力、それから④相続の承認・放棄のところが重要なテーマになります。

❶相続人

　さて、ある人が死ぬと、その人のもっていた財産について相続が発生します。それでは、財産は誰が相続するのか。これが相続人の問題で、遺言書がある場合にはそれに従いますが、なければ民法の規定に従うことになります。これを法定相続といいます。

　たとえば、父親が死んだ場合、その財産を相続するのはその配偶者（妻）と子どもです。妻は財産の2分の1を相続し、子どもは残りの2分の1を均等に分けることになります。

　もし子どもがいなければ、その父親の父母が相続し、この場合は妻が3分の2、そして残りの3分の1を父母が均等に分けることになります。

　またさらに、父母もいなければ、死んだ人の兄弟にまわります。その場合は、妻が4分の3、兄弟たちは残りの4分の1を均等に分けることになります。

　今述べたことからわかるとおり、妻は必ず相続権をもちます。そして兄弟たちは、子どもや親がいないときに初めてその分け前にあずかることになります。

キーワード 相続

相続とは、自然人の財産上の地位（または権利義務）を、その者の死後に、法律および死亡者の最終意思の効果として、特定の者に承継させることをいう。この特定の者を、相続人とよぶ。法律の規定に基づいて生じる相続を法定相続、死亡者の最終意思に基づくものを遺言による相続という。

Ⅱ　相続……175

以上のことを一般化して説明すると以下のとおりになります。

相続人には血族相続人と配偶者たる相続人とがいますが、血族相続人の内部では、第1に、子とその代襲相続人（887条）、第2に、直系尊属（その中でも親等の近い者が先で、遠い者が後になります。889条1項1号）、第3に、兄弟姉妹とその代襲相続人（889条1項2号、2項）という相続順位があります。代襲相続とは、被相続人の死亡以前に、相続人となるべき人が死亡するなどして相続権を失ったとき、その直系卑属がその人に代わって相続することをいいます。相続はこの順位に従い、先順位者が相続すれば後順位者は相続できないことになります。そして配偶者は、これら第1・第2・第3順位の血族相続人と並んで常に相続人になります。

同順位の相続人が数人あるときの相続分についても法定されており、次のようになります。

		配偶者	血族相続人
A	第1順位の血族相続人（子etc.）と共同相続	1/2	1/2
B	第2順位の血族相続人（父母etc.）と共同相続	2/3	1/3
C	第3順位の血族相続人（兄弟姉妹etc.）と共同相続	3/4	1/4

法定相続の場合の相続人の種類と順位は887条、889条、890条、900条にそれぞれ規定されているので、確認しておいてください。

さて、相続人が複数いる共同相続の場合には、相続の開始とともに相続財産は共同相続人の共同所有となり（898条）、各人がその上に持分を有す

キーワード 代襲相続
被相続人の死亡以前に、相続人となるべき子・兄弟姉妹が死亡し、または廃除され、あるいは欠格事由があるために相続権を失ったとき、その者の直系卑属（兄弟姉妹の場合にはその子にかぎる）がその者に代わってその者の受けるはずであった相続分を相続することをいう。

法定相続分

A 第1順位の血族相続人と配偶者

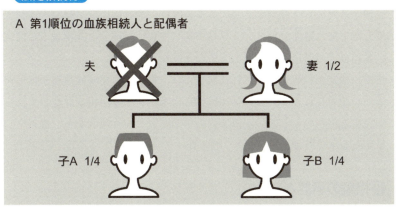

B 第2順位の血族相続人と配偶者

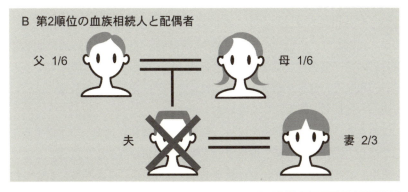

C 第3順位の血族相続人と配偶者

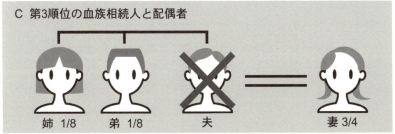

キーワード 相続欠格
相続に関して不正な利益を得ようとして不正な行為をなし、またはしようとした者の相続人資格をはく奪する制度（891条）

Ⅱ　相続……177

ることになります。簡単に言えば、一時みんなの共同所有になり、みんなで管理するということです。この共有財産は、最終的には、相続人全員で協議した上で、遺産分割という手続を通して個別具体的に各相続人に帰属し、各相続人の財産関係に解消することになります。

　また、法定相続権を侵害された場合には、相続人に相続回復請求権というものが認められます。これは相続権を侵害された者が相続財産を一括して回復する権利のことで、法律関係の早期安定という趣旨から、侵害を知ってから5年で時効消滅します（884条）。

❷相続の承認と放棄

　では、被相続人がばく大な借金を残したような場合にも、相続人は無条件でそれを相続しなければならないのでしょうか。これについては、915条が「相続人は、自己のために相続の開始があったことを知った時から3箇月以内に、単純若しくは限定の承認又は放棄をしなければならない」と定め、相続人の意思を尊重して①単純承認、②限定承認、③放棄の3つの方法から選択できるようにしています。

　このうち、単純承認の場合には、被相続人の権利義務を一切承継することになり（920条）、財産を取得できる代わりに借金も無限に負うことになります。これに対して、相続の放棄をした場合には、その相続について初めから相続人とならなかったものとみなされるので（939条）、被相続人の借金を負うことはありません。また、限定承認の場合には、相続によって得た財産の限度においてのみ責任を負うことになります（922条）。そして相続人が3か月以内にいずれも行わなかった場合には、単純承認をしたものとみなされます（921条1項2号）。

キーワード 廃除

被相続人からみてその者に相続させたくないと考えるような非行があり、かつ被相続人がその者に相続させることを欲しない場合に、被相続人の請求に基づいて家庭裁判所が審判または調停によって、相続権をはく奪する制度（892条）

178……第3章　家族法

❸遺言と遺留分

　最後に、法定相続以外の場合、遺言について簡単にみてみましょう。死後の財産の分配は、遺言によってあらかじめ被相続人が取り決めておくことができます。被相続人の自由な意思が尊重されているわけです。しかし他方で、遺留分という制度があり、遺産のうちで一定の相続人のためにどうしても残さなければいけない財産割合が決められています。ですから、遺言によって全財産をだれかにあげるといったとしても、遺留分だけは法定相続人に残されることになります。つまり、個人の財産処分の自由と、家族財産の公平な分配という相対立する要請の妥協が図られているわけです。

　では、だれがその遺留分を主張できるかというと、それは兄弟姉妹以外の法定相続人で、具体的には配偶者、子、直系尊属の３者ということになります（1042条）。

> ▶▶▶第1042条（遺留分の帰属及びその割合）
> 兄弟姉妹以外の相続人は、遺留分として、次条第一項に規定する遺留分を算定するための財産の価額に、次の各号に掲げる区分に応じてそれぞれ当該各号に定める割合を乗じた額を受ける。
> 一　直系尊属のみが相続人である場合　三分の一
> 二　前号に掲げる場合以外の場合　二分の一
> 2　相続人が数人ある場合には、前項各号に定める割合は、これらに第900及び第901条の規定により算定したその各自の相続分を乗じた割合とする。

キーワード **相続回復請求権**
実際は相続人ではない者（表見相続人）が、相続人であると称して真実の相続人に帰属すべき相続財産を占有している場合に、真正の相続人から、表見相続人に対して、その返還を請求する権利をいう。

Ⅱ　相続……179

配偶者の居住の権利

2018（平成30）年7月6日、相続法全体を見直す法改正がされました。この相続法改正は、2019（平成31）年1月13日から順次施行されています。

相続法改正で新たに「配偶者の居住の権利」に関する規定が設けられました。「配偶者の居住の権利」に関する規定は、配偶者居住権と配偶者短期居住権の2つに分けられます。

配偶者居住権とは、被相続人の配偶者が被相続人の財産に属した建物の全部について使用収益をする権利をいいます（1028条1項柱書本文）。たとえば、夫Aと妻BがAの所有する甲建物に居住していたところ、Aが死亡し、Bと子Cの2人で相続することになりました。Aの遺産は甲建物（1000万円相当）と預貯金1000万円だとします。この場合に、BC間で遺産分割をする際に、甲建物に配偶者居住権を設定することができます（1028条1項1号）。甲建物そのものをBが相続してしまうと、BC間のバランスを考えると預貯金はすべてCが相続することになりますが、そうするとBの手元には預貯金が残らないため、将来の生活資金が残りません。これに対して、配偶者居住権（仮に400万円相当とします）を設定すれば、Bは配偶者居住権と預貯金600万円を、Cは配偶者居住権の負担付き甲建物

（600万円相当）と預貯金400万円を相続することでバランスが取れます。配偶者居住権を設定するメリットは、遺された配偶者が甲建物に居住する権利を確保するとともに、将来の生活資金を確保することもできる点にあります。

配偶者短期居住権とは、被相続人の配偶者が被相続人の財産に属した建物を一定期間無償で使用する権利をいいます（1037条）。先ほどの例でいうと、BC間で遺産分割をするまでの間に1年間かかるとすると、その間、BとCは甲建物を共有することになります。共有ですから、Cも甲建物を使用する権利を有しており、Bが単独で使用するのであればCに対して賃料相当額を支払う義務が生じます。しかし、もともと甲建物に無償で居住していたBとしては、突然、賃料相当額を支払う義務が発生してしまうと困るわけです。そこで、配偶者短期居住権を認めて、一定期間は相続開始前と同様に無償で建物を使用できることとして、残された配偶者の居住する権利を確保したのです。

配偶者の居住の権利に関する改正部分は、2020（令和2）年4月1日から施行されました。配偶者の居住の権利はその法的性質などについて解釈に委ねられていますので、今後の運用に注目です。

理解度クイズ⑧

1 **親族法の特色として間違っているものはどれか。**

① 本人の意思が尊重される

② 取引の安全が重視される

③ 代理になじまない

2 **婚姻の成立要件としてもっとも重要なものはどれか。**

① 同居する家

② ２人の愛

③ 十分な資金

④ 結婚するぞという意思の合致

3 **父親が死んだ場合についてその財産を相続する場合につき正しいのはどれか。**

① 妻と２人の子どもで３等分する

② 父親の両親と妻と子どもが相続する

③ 妻と子どもが相続する

※解答は巻末

……第4章 ま と め

❶全体像の確認

もう一度、民法の全体を概観しておきましょう。

まず、民法は財産法関係と家族法関係に分かれました。そして、財産法は物権関係と債権関係に分かれます。債権の発生原因として契約、事務管理、不当利得、不法行為がありますが、契約がもっとも重要です。その契約は成立要件、有効要件、効果帰属要件、効力発生要件を経て有効に債権債務が発生します。それと同時に、売買契約などの場合は所有権の移転という物権変動を伴います。この物権変動は登記や引渡しという公示を備えることで初めて第三者にも対抗できるようになります。

有効に発生した債権債務は、弁済などによりその目的を達して消滅するのが本来の姿ですが、当事者が約束を守らなかったり、地震で目的物が壊れてしまったりして問題が生じることもあります。そんなときには債務不履行などの問題として処理されます。

また、有効に発生した債権をきちんと履行されるように確保しておくことも重要です。そのために債権の保全として債権者代位権と詐害行為取消権が問題になります。債権の担保としては保証などの人的担保と抵当権などの物的担保などが用意されています。これらが基本的な財産法関係の構造です。

そして、家族法としては親族法、相続法があり、親族法では婚姻や親子などの家族間の基本的問題を扱い、相続法では財産を相続する場合の手続を学んでいきます。まずはこうした概略をしっかりと把握してください。

❷各種試験への応用

　はじめにお話したとおり、民法はその量が膨大ですから勉強をする際には、それをいかに小さくして理解するかがポイントになります。一度大きな幹を理解したら、あとは各部分の知識を補充していけばいいのですから時間の問題です。必要に応じて、先に進めばよいでしょう。

　学部試験ならこうした全体をふまえた上で出題範囲の先生方の講義ノートを読んでみる。司法試験ならば、親族法の前までをまんべんなく、論点潰しをして過去の論文式試験問題の答案構成をしてみる。司法書士試験なら、物権と家族法に重点をおいて択一の過去問を解きながら知識の補充をしていく。宅地建物取引士資格試験なら、やはり過去問を解きながら知識の整理と補充をしていきます。銀行業務検定のような実務試験の場合は、こうした民法の知識を前提にして融資や預金の問題や手形法などの特別法の勉強に入っていけばいいでしょう。

　日常生活をしていく上でも民法の知識は有効ですから、何かトラブルに巻き込まれそうになったら、まず自分で対策を考えてみてください。それが効果から考えるということで、民法の重要な発想法なのです。

❸これからの勉強

　これから先、もう少し法律の学習をするのであれば、拙著ですが『伊藤真のファースト・トラック』シリーズ（弘文堂）から入ると難解な法律用語も受け入れやすくなるでしょう。そのうえで、更に民法を深める場合は、川井健先生の『民法概論』（有斐閣）あたりが手頃です。近年の法改正には対応していませんが、民法全体の理解を深めるのには適しています。近年の法改正に対応している書籍だと、潮見佳男先生の『民法（全）』（有斐閣）、平野裕之先生のシリーズ本（日本評論社）、大村敦志先生の『新基本民法1

〜8』（有斐閣）も読んでみるとよいと思います。私も、もう少し詳しい民法の学習書『試験対策講座』（弘文堂）に最新の情報も随時盛り込んでいますので、そちらも参考にしてください。

そして、民法の勉強は具体的に考えることが何よりも重要です。常に具体例を思い浮かべながら条文や制度を勉強してください。そして、余裕が出てきたら『判例百選』（有斐閣）のような教材で、実際に問題になった事件をもとにしてイメージ作りをしていくと効果的です。なお、細かな知識の確認には財産法分野は『基本法コンメンタール』、親族、相続分野は『新基本法コンメンタール』（いずれも日本評論社）という条文の注釈書が最適です。特に正確な知識を確認するには、こうした条文ごとの注釈書を1つ手元においておくと安心です。

いずれにせよ、これから民法の勉強を進めていく際には、本書で学んだ全体像を常に頭に入れながら、自分が今どこを勉強しているのかを意識しておくと知識が生きたものになってくると思います。

それでは頑張ってください。

【理解度クイズ①解答】	【理解度クイズ③解答】

【理解度クイズ①解答】

1　①
2　②
3　④
4　④
5　④
6　⑤
7　④

【理解度クイズ③解答】

1　②
2　④
3　⑤
4　③
5　④
6　④
7　③

【理解度クイズ②解答】

1　②
2　④
3　④
4　②

【理解度クイズ④解答】

1　④
2　②
3　③
4　③
5　②
6　③

186……理解度クイズ解答

【理解度クイズ⑤解答】

1　④

2　③

3　③

4　③

5　①

6　②

【理解度クイズ⑦解答】

1　③

2　③

3　⑤

4　②

5　②

6　②

【理解度クイズ⑥解答】

1　①

2　②

3　①

4　④

5　③

6　②

【理解度クイズ⑧解答】

1　②

2　④

3　③

伊藤 真（いとう・まこと）

[略歴]

1958年　東京生まれ。 1981年　司法試験に合格後、司法試験等の受験指導に携わる。

1982年　東京大学法学部卒業後、司法研修所入所。 1984年　弁護士登録。

1995年　15年間の司法試験等の受験指導のキャリアを活かし、合格後、どのような法律家になるかを視野に入れた受験指導を理念とする「伊藤真の司法試験塾」（その後、「伊藤塾」に改称）を開塾。

　　　　伊藤塾以外でも、大学での講義（慶應義塾大学大学院講師を務める）、代々木ゼミナールの教養講座講師、日経ビジネススクール講師、全国各地の司法書士会、税理士会、行政書士会、弁護士会等の研修講師も務める。

　　　　現在は、予備試験を含む司法試験や法科大学院入試のみならず、法律科目のある資格試験や公務員試験を目指す人達の受験指導をしつつ、「一人一票実現国民会議」及び「安保法制違憲訴訟」の発起人となり、弁護士として社会的問題にも取り組んでいる。

　　　　（一人一票実現国民会議 URL：https://www2.ippyo.org/）

[主な著書]

『伊藤真の入門シリーズ「憲法」ほか』（全8巻、日本評論社）

　＊伊藤真の入門シリーズ第3版（全6巻）は韓国版もある。

『伊藤真試験対策講座』（全15巻、弘文堂）、『伊藤真ファーストトラックシリーズ』（全7巻、弘文堂）、『中高生のための憲法教室』（岩波ジュニア新書）、『なりたくない人のための裁判員入門』（幻冬舎新書）、『夢をかなえる勉強法』（サンマーク出版）、『憲法問題』（PHP新書）、『憲法は誰のもの？』（岩波ブックレット）、『あなたこそたからもの』（大月書店）等多数。

伊藤塾　東京都渋谷区桜丘町17-5　03(3780)1717

　　　　https://www.itojuku.co.jp/

い とう まこと　みんぽうにゅうもん
伊藤 真の民法 入門 第7版──講義再現版

●──1997年 5 月15日　第 1 版第 1 刷発行
　　2000年 7 月 5 日　第 2 版第 1 刷発行
　　2005年 4 月10日　第 3 版第 1 刷発行
　　2009年12月20日　第 4 版第 1 刷発行
　　2014年 6 月20日　第 5 版第 1 刷発行
　　2017年 9 月30日　第 6 版第 1 刷発行
　　2020年 6 月30日　第 7 版第 1 刷発行
　　2021年11月 1 日　第 7 版第 2 刷発行

著 者──伊藤 真

発行所──株式会社 日本評論社

　　　　〒170-8474 東京都豊島区南大塚3-12-4

　　　　電話03-3987-8621（販売）──8592（編集）　振替 00100-3-16

印刷所──精文堂印刷株式会社

製本所──株式会社難波製本

検印省略 © M. ITOH

装幀／清水良洋　カバーイラスト／佐の佳子　本文イラスト・図／清水優子　清水千恵美

Printed in Japan

ISBN 978-4-535-52477-4

JCOPY〈(社)出版者著作権管理機構 委託出版物〉

本書の無断複写は著作権法上での例外を除き禁じられています。複写される場合は、そのつど事前に、(社)出版者著作権管理機構（電話03-5244-5088、FAX 03-5244-5089、e-mail：info@jcopy.or.jp）の許諾を得てください。また、本書を代行業者等の第三者に依頼してスキャニング等の行為によりデジタル化することは、個人の家庭内の利用であっても、一切認められておりません。

「伊藤塾」塾長

伊藤真の法律入門シリーズ

本シリーズは電子書籍（kindle版）もあります。

司法試験受験指導で著名な著者が、初めて書き下ろした画期的な法律入門書。司法試験受験生はもちろん、法律学を学ぼうとする人すべてに贈る。読みながら著者の熱意ある講義を体感できる新しいスタイル。　※すべてA5判

伊藤 真の 法学入門 【補訂版】講義再現版

伊藤 真／著　ISBN978-4-535-52259-6
「法学を学ぶ意義」、「法とは何か」など法学学習の神髄をわかりやすくかつ熱意をこめて語る。
◆定価1650円（税込）

伊藤 真の 憲法入門 【第6版】講義再現版

伊藤 真／著　ISBN978-4-535-52304-3
安保関連法制、9条「改正」の動きがある憲法状況を踏まえ、日本国憲法の核心の基本原理と理念を、具体的事例を織り込みながら解説。
◆定価1870円（税込）

伊藤 真の 行政法入門 【第3版】講義再現版

伊藤 真／著　ISBN978-4-535-52605-1
行政法理論の基礎を行政に関わる法律の全体像と趣旨、内容通じて簡潔に解説。最新の法改正、判例を踏まえて改訂。
◆定価1870円（税込）

伊藤 真の 民法入門 【第7版】講義再現版

伊藤 真／著　ISBN978-4-535-52477-4
「民法がこの1冊でわかる」と圧倒的支持を得ている民法最新版。2020年4月施行の新民法の解説と新情報を織り込んで改訂。
◆定価1870円（税込）

伊藤 真の 刑法入門 【第6版】講義再現版

伊藤 真／著　ISBN978-4-535-52342-5
2017年の刑法改正箇所の解説も加え、刑法全般にわたり全体像と基本概念、基礎知識をわかりやすく解説。
◆定価1870円（税込）

伊藤 真の 会社法入門 講義再現版

伊藤 真／著　ISBN978-4-535-52449-1
資格試験や会社において必要不可欠な会社法の全体像を丁寧かつわかりやすく解説。『商法入門』の後継書。
◆定価1870円（税込）

伊藤 真の 民事訴訟法入門 【第5版】講義再現版

伊藤 真／著　ISBN978-4-535-52164-3
複雑な手続の流れと基礎知識を丁寧に解説した定番入門書の最新版。資格試験受験者、法律実務家、トラブルに巻き込まれた人も必読の書。
◆定価1870円（税込）

伊藤 真の 刑事訴訟法入門 【第5版】講義再現版

伊藤 真／著　ISBN978-4-535-52163-6
いち早く平成28年刑訴法改正の解説を織り込んだ改訂版。新しい刑訴法の重要問題もコラムでわかりやすく解説。
◆定価1870円（税込）

日本評論社
https://www.nippyo.co.jp/